Nihil obstat

Constantiis, die 8ª décembris 1926

L. HEBERT

c. d.

Imprimatur.

Constantiis, die 9ª décembris 1926

P.-M. PÉRIER

v. g.

PAROISSE DE BARFLEUR

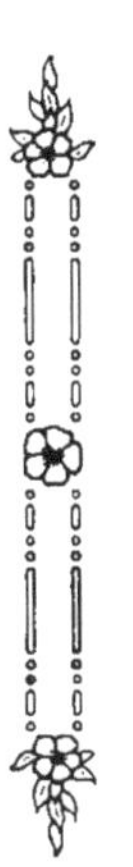

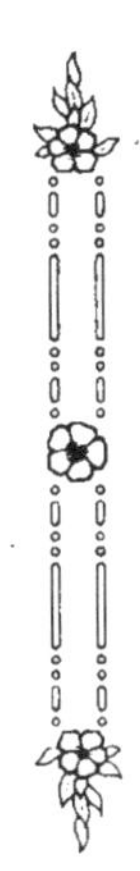

FÊTES DU TRIDUUM

en l'honneur de

Sainte Marie-Madeleine Postel

née à Barfleur, le 28 Novembre 1756

6 - 7 - 8 AOUT 1926

Sous la présidence de

Sa Grandeur Monseigneur LOUVARD

Evêque de Coutances et Avranches

assisté de

NN. SS. LEMONNIER, Évêque de Bayeux et Lisieux ;

GRENTE, Évêque du Mans ;

PASQUET, Évêque élu de Séez ;

RR. Dom VITAL, Abbé de N.-D. de Grâce, à Bricquebec.

Te Deum laudamus...

Dieu soit loué, car c'est faire œuvre bonne;
En chants joyeux que notre voix résonne :
Gloire au Seigneur !...

Ainsi chantaient à Barfleur, en d'harmonieux accords, les Choristes de la Cathédrale, au matin du dimanche 8 août. Je ne saurais trouver meilleurs accents pour exprimer notre joie et notre reconnaissance après les fêtes grandioses du « Triduum ». Revues et journaux ont proclamé à l'envi le merveilleux succès que nous avons obtenu. Nous reproduisons ci-après l'un de ces compte-rendus qu'une plume alerte et distinguée écrivit pour la *Semaine Religieuse* et dont les termes, si enthousiastes soient-ils — disons-le en toute simplicité — ne dépassent en rien la splendide réalité.

Le Curé de Barfleur manquerait à son devoir s'il n'adressait un chaleureux merci à tous ceux qui ont contribué, directement ou indirectement, à l'éclat de ces solennités.

Tout d'abord remercions Dieu qui, répondant à nos ardentes supplications, nous envoya les chauds rayons de son beau soleil ; à part une courte procession, annoncée pour la soirée du vendredi, le programme fut exécuté dans ses plus petits détails, comme il avait été prévu. Pas le moindre incident regrettable : tout s'est passé dans la dignité, le calme, la piété et le recueillement qui convenaient.

Elle connut les honneurs du plus éclatant triomphe « l'humble fille du Bon Dieu » ; pour elle se trouva réalisée la parole du Maître : « Celui qui s'abaisse sera exalté ! » Comme le fait remarquer avec à-propos le chroniqueur de la *Semaine Religieuse*, « les rues qu'elle foula de son pied léger, discrète et bienfaisante, « elle les revoit ornées pour elle ; à chaque maison, sous les « fleurs, rayonne sa douce image. La charrette de Tamerville

« provoquait les rires sur son passage, le char de Barfleur jette « de l'émotion plein les cœurs !... » En effet, dans ce long et pieux cortège qui se déroule à travers nos rues pendant l'après-midi du dimanche, lorsque paraît la statue de la Sainte, sur un char que traînent deux magnifiques chevaux blancs, la foule s'attendrit, et, d'un geste instinctif, non seulement les fidèles croyants, mais les indifférents, les adversaires eux-mêmes se découvrent, car tous comprennent que devant eux passe quelque chose qui domine et subjugue : l'héroïsme dans la vertu, la sainteté officiellement reconnue et proclamée en face de l'Univers catholique par la voix infaillible du Souverain Pontife.

Donc, reconnaissance à Dieu qui voulut bien nous ménager les grâces les plus précieuses et les plus abondantes ! Reconnaissance à Monseigneur Louvard, notre évêque vénéré et tant aimé, qui présida nos fêtes et qui se montra envers tous si délicat et si bienveillant. Prêtres et fidèles ne sauraient oublier l'aimable condescendance du Pontife et les multiples attentions qu'il daigna leur prodiguer ! Reconnaissance à NN. SS. les Evêques de Bayeux, du Mans et de Séez, au T. R. P. Abbé de Bricquebec, aux Prélats et dignitaires ecclésiastiques, dont la présence rehaussa singulièrement l'éclat de ces mémorables journées ! Reconnaissance aux orateurs qui célébrèrent d'une manière si parfaite la gloire de notre Sainte ; à M. le chanoine de Chivré, qui manifesta une fois de plus, avec son aimable dévouement, sa belle et puissante éloquence ; au R. P. Le Marchand, visiblement heureux de louer son illustre compatriote, qui sut trouver les accents les plus nobles pour exprimer les pensées les plus hautes, et dont les généreux élans du cœur retinrent l'attention d'un immense auditoire vite conquis et charmé !...

Reconnaissance et félicitations à tous les habitants de Barfleur ! Leur générosité fut admirable et se maintint sans défaillance depuis l'ouverture de la souscription publique jusqu'à la dernière quête. Qu'ils soient félicités encore pour leur activité au travail en vue de la décoration des rues et des maisons ! Leur savoir-faire et leur bon goût s'affirmèrent et dans les arcs-de-triomphe érigés avec tant de magnificence — et dans les guirlandes si habilement tressées, — et dans les fleurs que des « doigts de fée » firent épanouir par milliers, — et dans les barques ornées et pavoisées ; — et dans les façades des édifices et des plus humbles demeures, disparaissant sous les décors les plus variés. Il serait malaisé d'établir une comparaison entre ces divers éléments de splendeur : chaque décoration était parfaite, avec son cachet spécial qui ne la faisait ressembler à aucune autre. Tout cet ensemble formait, depuis l'entrée de la ville, comme une magnifique avenue conduisant à notre église, dont l'ornementation sobre, riche et distinguée, mise en valeur par une brillante illumination électrique, fut très remarquée des milliers de visiteurs accourus de tous les points de la région.

Honneur à tous ! Honneur spécialement aux marins qui se révélèrent excellents organisateurs dans cette fête nautique du dimanche soir qui fut une véritable féerie !... Honneur à nos jeunes *Gabiers*, auxquels vinrent se joindre, dans l'après-midi du troisième jour, les tambours et clairons de *La Hougue* et de *La Révillaise*, qui exécutèrent avec tant d'entrain et de brio, les plus éclatantes sonneries ! Honneur à ceux qui assurèrent, pendant les trois jours, la partie musicale et chorale du programme : prêtres aimables et dévoués, pour lesquels l'art du chant n'a pas de secrets ; jeunes filles de la paroisse, aux voix chaudes et prenantes ; tous surent rendre, le vendredi et le samedi, motets et cantiques en de pieuses harmonies qui provoquèrent la plus douce émotion. Honneur aux « Chanteurs de Notre-Dame », dont le concours, au jour de la clôture, fut particulièrement apprécié ! Leur Directeur offrait à sa paroisse natale le meilleur de son répertoire. On eût volontiers applaudi l'exécution de certains chants — tel le Psaume 150, après l'Office Pontifical — dont la puissante harmonie fit passer comme un frisson sur l'immense assemblée qui remplissait l'église. Le grand orgue était, comme toujours, en bonnes mains, et, soit en soutenant les chœurs, soit en accompagnant le jeu si nuancé d'un autre artiste, soit en rendant l'œuvre de Théodore Dubois, l'organiste fit valoir à la fois son beau talent et les magnifiques ressources de son instrument.

Honneur enfin et reconnaissance aux aimables ecclésiastiques qui ont apporté au Curé de Barfleur, dans les divers préparatifs des fêtes, une aide des plus précieuses et des plus efficaces. Dans la splendeur des cérémonies comme dans l'exécution des chants, dans la décoration de l'église comme dans l'ornementation des rues, chacun d'eux mit en relief les aptitudes particulières qu'il possède, et tous ces dévouements, joints à la docilité, au bon esprit, au savoir-faire des habitants, obtinrent le plus magnifique résultat.

Et maintenant, c'est fini !... Nos archives paroissiales ont enregistré un événement d'une portée sans égale, d'un éclat sans précédent. Tous nous garderons le souvenir de ce « triomphe d'une Sainte en son pays ». Puissions-nous conserver toujours les pieuses et salutaires impressions que nous avons ressenties !...

A. ADAM,
CURÉ DE BARFLEUR.

LE TRIOMPHE D'UNE SAINTE
EN SON PAYS

LES FOULES DE BARFLEUR

Elles ne se multiplieront jamais trop les fêtes en l'honneur de notre héroïne Coutançaise. L'an dernier, ce fut d'abord Saint-Sauveur-le-Vicomte, et avec raison : la mère Marie-Madeleine n'a vécu que pour la Congrégation qu'elle y a fondée. Puis, cette année même : Cherbourg, Tamerville, Valognes, théâtre de son zèle ou dure étape du sacrifice. Aujourd'hui, c'est Barfleur qui lui donna le jour et en revendique l'honneur jalousement. Depuis une semaine, on achève des préparatifs commencés depuis des mois. Il ne s'agit pas de surpasser l'Abbaye, mais, au moins, d'égaler Saint-Sauveur. Noble émulation, qu'entretient *Le Gouvernail* aux mains d'un bon pilote. Les fêtes du « berceau » doivent laisser dans le Val-de-Saire un souvenir qui durera. Noblesse oblige et d'autant plus que la paroisse ne peut oublier que Julie Postel est la première Sainte du diocèse, officiellement canonisée. Elle l'oublie si peu que le Conseil municipal, répondant au vœu de la population, appose une plaque commémorative sur sa maison natale et son nom sur l'une des rues de la coquette cité qu'elle fréquenta le plus souvent. Avec de tels préliminaires, on augure bien du succès ; il couronnera l'effort et récompensera le mérite.

Journée de Vendredi

Le matin, le soleil s'est levé radieux, mais aucune brise ne souffle du large. Les marins le regrettent : la journée, en dépit de cette annonce brillante, reste indécise. Tout est prêt. Les rues sont transformées en boulevards et les maisons parées comme pour un concours de façades. Un jury serait embarrassé de décerner la palme, mais retiendrait sans peine qu'une foi très vive et un amour confiant ont inspiré les cœurs et guidé les mains : « A la gloire de Barfleur », « A la Vierge-Prêtre ». « A Sainte Marie-Madeleine, les marins reconnaissants », « Sainte Julie, conduisez-nous au port ! » C'est ainsi que tout un peuple, fier de sa protectrice, réclame son intercession.

10 h. 45. Premier office, à la Bretonne, tout près de l'escalier où l'héroïne cacha son Dieu pour le soustraire aux fureurs des révolutionnaires. C'est un pontifical de Mgr Lepetit, protonotaire apostolique, qui compte dans son archidiaconé, à sa grande joie, et la tombe : Saint-Sauveur, et le berceau : Barfleur. M. le Secrétaire général de l'Evêché remplit les fonctions de prêtre-assistant, M. le Curé de Saint-Germain-de-Tournebu et M. l'Abbé Lepeley, professeur à l'Institut Saint-Lo, celles de diacre et de sous-diacre. La messe est chantée avec le recueillement propre aux communautés ; prélude magnifique !

3 heures. Cependant, Mgr l'Evêque arrive de Coutances. Il refait en sens inverse, la route qu'il y a un siècle et plus entreprit la « fille du bon Dieu ». Il a salué au passage le clocher de l'Abbaye, Valognes, l'orphelinat et l'église de Tamerville, Quettehou et La Pernelle. Sainte Marie-Madeleine et la bonne mère Placide lui ont tenu compagnie.

Le voici, à sa descente d'auto, aux portes de la ville. Ceint de l'écharpe, M. le Maire est là pour l'y recevoir, entouré de son Adjoint également paré de ses insignes et de tout le Conseil municipal. Derrière lui, le clergé déjà nombreux : M. le chanoine Fleury, le R. P. Rondet, postulateur de la Cause, MM. Levesque, directeur au Grand Séminaire ; Lamache, doyen de Saint-Clair ; Canuet, Yvelande, Jourdan, Richard, Dorange, chapelains épiscopaux, etc..,, les organisations catholiques paroissiales, les filles de Sainte Marie-Madeleine et la grande foule.

Comme les échevins du passé, jaloux de témoigner leur respect à l'autorité, le premier magistrat serait heureux d'offrir à un hôte de marque les clefs de la cité ; il l'assure du moins que Barfleur ressent très vivement l'honneur de sa visite et le remercie d'avoir choisi pour la lui faire le Triduum de la Sainte. son orgueil. Monseigneur, honoré de sa démarche, le félicite de sa foi et lui dit, aux applaudissements de l'entourage, qu'il lui a remis, mieux que les clés de la ville, celle des cœurs.

La procession s'ébranle par les rues St-Thomas et St-Nicolas. Souvenir heureux et délicatesse remarquée : le salut de St Romphaire, l'ancien curé de Barfleur, à son successeur sur le siège de St Lo : *Rumpharius fratri suo salutem.* L'église est comble lorsqu'y pénètre Sa Grandeur. Elle étincelle de mille feux. L'ornementation en est sobre et distinguée. Des tentures blanches, ornées de palmes vertes, rehaussées de crépine d'or semée de fleurs de lys. Au fond de l'abside, comme à Rome, dans la gloire du Bernin, la statue de la Sainte dans une apothéose. Tout plaisir pour les yeux, toute satisfaction pour le cœur. Et M. Adam a trouvé en MM. Robine et Carré pour le décor de l'église, M. Bultet pour celui des rues, des auxiliaires de grand talent, Après les prières rituelles, Monseigneur monte en chaire. De sa stalle, M. le Curé lit son rapport paroissial. Il salue très heureusement le plus fidèle « client » de Sainte Marie-Madeleine et, sans rien farder, expose la situation de sa paroisse. Trop d'indifférence d'un côté, mais de l'autre d'assez grandes consolations : l'association des marins, l'Union catholique, le Comité Paroissial, les Enfants de Marie, les écoles libres, le patronage, les petits Gabiers, l'ouvroir des Sœurs, etc... M. Adam n'a oublié aucun détail ; Monseigneur lui prouve en les rappelant un à un qu'il les a tous retenus. Il vient en évêque pour bénir et encourager. Il regrette que les « laboureurs de la mer » comme les a appelés le zélé pasteur, n'aient pas tous, exposés qu'ils sont au danger entre deux immensités, le souci de lever leurs yeux au ciel pour surnaturaliser leur travail. Il demande à leur sainte compatriote de les prendre en pitié et de maintenir dans la voie droite ceux qui, plus heureux, gardent son souvenir en s'inspirant de son exemple. Pour chacune des associations, un mot spécial et délicat : aux religieuses de la Miséricorde un compliment qui a réjoui ceux — ils sont légion — qui professent pour elles grande et respectueuse estime.

Un cantique suave, et M. l'Archiprêtre de Mortain succède en chaire à Sa Grandeur. Il y a trois semaines, en cette douce fête du 17 juillet, il exaltait à l'Abbaye la foi victorieuse de la fondatrice. Aujourd'hui, c'est sa sainteté, sa charité qu'il va mettre en lumière. Le discours de St-Sauveur valait d'être répété. Sollicité en dernière heure, l'ancien curé de Rauville, très attaché à la Congrégation de la bonne Mère, n'en a pas moins voulu payer largement un double écot. Son mérite accroît encore la reconnaissance. Dans un corps de chair, va-t-il établir, Julie Postel fut un ange de pureté et de miséricorde. Pour garder à Dieu cette chasteté qu'à deux ans elle lui avait promise, à l'exemple de St Paul elle se crucifia. Et de sa vertu, les pauvres et les enfants furent les bénéficiaires. Elle reste un modèle qu'il faut imiter. Magistrale parole adressée à un auditoire qui a su la comprendre et goûter.

Le salut suit immédiatement. Les prêtres de Barfleur y sont à l'honneur et le premier d'entre eux, M. le chanoine Fleury, donne la bénédiction du Saint-Sacrement qui va clore cette première journée. Les marins ont eu raison : Il pleut ! Monseigneur descend au portail et après un mot de félicitations à la foule qui déjà n'a pu pénétrer, rentre à la sacristie. Quelques instants après, les petits « Gabiers » l'accompagnent au presbytère, saluant son retour d'une sonnerie éclatante.

La journée de Samedi.

De gros nuages ce matin, et un vent d'ouest ! Faut-il désespérer ? Le même programme qu'hier. Mgr Lepetit a quitté Barfleur, mais Mgr de Séez y est arrivé. A 10 h. 45, à la Bretonne, archicomble, il est à l'autel, assisté de MM. Canuet et Carré. Mgr l'Evêque tient chapelle au trône avec M. le Vicaire Capitulaire Leconte, MM. les chanoines Bidard, supérieur de St-François de Sales d'Alençon, et Fleury. C'est la même intimité que le 17 à l'Abbaye, encore qu'il y ait soixante prêtres, dont ; MM. les Doyens de Quettehou, de Montebourg, de Beaumont : MM. les aumôniers des Bénédictines de Valognes et du lycée de Cherbourg. C'est un avant-goût du sacre. Les églises de Coutances et de Séez n'ont jamais été plus rapprochées. On les dirait sœurs. Elles le sont. Comme hier, l'abbé Laîné dirige les chants, Son attention redouble. Barfleur, sa paroisse natale, doit l'emporter !

A 3 h. 1/2, procession du presbytère à l'église par la rue Saint-Nicolas. Le Panégyrique est très attendu. C'est le R. P. Le Marchand, des Frères Prêcheurs de Nancy, qui va le prononcer après les vêpres. Il en est fier, nous heureux. Montfarvillais, il connaît et aime la Sainte, sa voisine : il n'aura qu'à puiser dans son cœur pour en sortir des trésors. Il s'excuse presque d'occuper la chaire où un Barfleurais eût dû monter, mais enfin l'apostolat de la bonne Mère s'est exercé au-delà de la Bretonne, dans tout le Val-de-Saire, les fils doivent acquitter la dette des pères ; de plus, c'est à Montfarville qu'elle a trouvé des prêtres fidèles quand ceux de Barfleur eurent pris le chemin de l'exil, et voilà sa présence justifiée. Il s'appuie sur l'autorité de ses Pères — en théologie, c'est un témoignage de prix — pour rendre hommage à l'ancien évêque de Langres, et sur le récit de ses condisciples pour saluer en Mgr de Coutances un évêque selon le cœur de Dieu ; mais il n'a besoin que de faire appel à ses souvenirs personnels pour assurer à M. le Vicaire capitulaire de Séez que le successeur de Mgr Bardel est de la lignée des grands évêques. L'éloge de la bonne Mère ne sera pas moins bien retenu. Si l'Eglise l'a canonisée, c'est qu'elle a atteint la perfection morale, faite de la force de caractère et de la tendresse du cœur. En des accents qu'inspirent la plus tendre piété, le P. Le Marchand la montre forte comme le diamant et tendre comme une mère. L'émotion de son auditoire lui prouve que sa parole n'est pas seulement un régal pour l'esprit mais un bienfait pour le cœur.

Le salut est donné par Mgr de Séez et, plus heureux que la veille, M. le Curé ne retranchera pas la procession du programme. Au seuil du presbytère, Monseigneur l'Evêque se retourne. Toute la foule l'a suivi. Il la remercie, la journée a été si belle ; il la presse de revenir, le lendemain doit être incomparable.

La Journée de Dimanche.

Loin de descendre, le baromètre monte et très haut. Que de gens l'auront consulté ce matin ! Et quelle satisfaction d'y lire le beau temps assuré ! Là-bas, à la Bretonne, les messes se succèdent depuis la pointe du jour et les fidèles comme les prêtres, ployant le genou sous l'escalier de pierre, sont heureux de confesser leur foi à la présence réelle. Beaucoup ne se relèvent que pour s'agenouiller à la Sainte Table. A l'église, rien ne manque ; malgré l'étroitesse du sanctuaire, l'office pontifical ne perdra rien de sa majesté. Le cortège quitte le presbytère à 9 h. 45. Le service dominical a raréfié les prêtres du ministère, mais les dignitaires sont plus nombreux. C'est une longue théorie de blancs surplis, mosettes de doyens et chanoines, mantellettas, crosses de bois et d'argent, mitres d'or. Passent notamment sous les yeux d'une foule considérable, attentive et respectueuse : MM. les Curés de Notre-Dame du Roule, Brix, Equeurdreville ; MM. les Doyens de Saint-Pierre-Eglise, de Bricquebec ; le R. P. Maillard ; MM. les Curés de St-Clément et de Notre-Dame du Vœu ; MM. les Supérieurs de Saint François de Sales d'Alençon et de Saint-Paul de Cherbourg ; MM. les chanoines Fleury, du Secrétariat de l'Evêché; Bernard, curé de Port-en-Bessin ; M. le chanoine Marquet, secrétaire particulier de Monseigneur Grente ; MM. les Archiprêtres de Cherbourg et de Valognes ; M. Leridez, du vénérable Chapitre; Monseigneur Quirié, vicaire général de Bayeux ; M. le Chanoine Leconte, vicaire capitulaire de Séez ; le T. R. P. Dom Vital, abbé de Notre-Dame de Grâce ; Monseigneur Pasquet, évêque élu de Séez ; Monseigneur l'Evêque de Coutances ; Monseigneur Grente, évêque du Mans ; Monseigneur Lemonnier, évêque de Bayeux.

« Dieu soit loué ! » entonnent de l'orgue les « Chanteurs de Notre-Dame », accourus dès la veille de Coutances pour retrouver leur maître et glorifier avec lui son illustre compatriote. Dieu soit loué, *qui exalte les humbles !* Et c'est le souhait de tous les cœurs en cette messe d'actions de grâces solennelles. Les haut-parleurs le transmettent fidèlement à des milliers de personnes qui doivent se résigner à rester debout face au portail, sur la place, ou devant le monument des morts. La musique n'avait point fait défaut les jours précédents. Le concours des prêtres du voisinage avait même été remarqué. Celui de la psallette de la Cathédrale est aujourd'hui l'objet des plus flatteuses appréciations.

Pas de discours que le prône qui n'est ni la plus facile, ni la moins pratique des allocutions et souvent la plus intéressante.

Les recommandations et les conseils du Pasteur à ses fidèles sont à peine terminés, que, du haut de la tribune, retentissent les « Acclamations » à l'adresse de NN. SS. les Evêques et du Révérendissime Dom Vital. L'éloge pour chacun est des plus délicats et les « Chanteurs de Notre-Dame », qui répondent à la voix si harmonieuse de leur soliste, M. l'Abbé Lesigne, y mettent tout leur talent et tout leur cœur.

Le *Credo* suit aussitôt, admirablement chanté. Les âmes vibrent à l'unisson, et sur les quais, au fond du cœur des indifférents les échos vont réveiller la foi qui sommeille. Les saints rites achevés, le sacrifice consommé, une cérémonie infiniment touchante groupe au pied du monument du souvenir cette foule immense. « Donnez-leur le repos », « faites luire la lumière », chante la psallette. *Pater, Ave*, reprend Monseigneur. Et les mains se joignent, tandis qu'aux yeux des vieux parents qui n'ont plus leurs fils glorieux pour les assister dans la marche de leurs derniers jours perlent des larmes ! Les clairons sonnent, les tambours battent, c'est fini. Les morts n'ont pas été oubliés. Bravo !

« L'Angelus » a tinté aux clochers d'alentour. Voici que se pose, comme aux disciples qui suivaient le Maître au désert, la question du ravitaillement ! Les hôtels sont insuffisants. Des tables sont dressées devant les quais, des tentes près de la gare. Tout est envahi.

Un mot des toasts prononcés au déjeuner de NN. SS. les Evêques servi dans l'une des salles de l'Ecole libre. La délicatesse qui les inspire en fait une douce obligation. L'abbé Adam, qui est bien le neveu de son oncle, le regretté M. Leprovost, archiprêtre de Cherbourg, puisqu'il sait prévoir avec méthode et exécuter avec calme, eût désiré, comme Marie Ravenel, la bouche d'or du prophète Isaïe, pour saluer ses hôtes. Il est sous le charme de la bonté souriante de Monseigneur l'Evêque, vantée par Monseigneur de Rouen ; de l'aménité de Monseigneur de Bayeux, l'Evêque des marins ; de la grâce de Monseigneur du Mans, que le bruit de l'heure qui s'écoule n'empêche pas plus que M. Estaunié d'entendre les voix familières du passé. Il rappelle à Monseigneur de Séez le pélerinage de Rome et demande pour son épiscopat la protection de la bonne Mère; il ne s'étonne pas de trouver le Révérend Père Abbé sur les pas de Sainte Marie-Madeleine, dont il a traduit la devise et pratiqué l'abandon. Il sait que le Concile de Trente réserve la dignité de vicaire général à des hommes distingués par la piété, capables de servir de modèle aux autres et d'auxiliaires à leur Evêque, et il estime que Monseigneur de Bayeux ne s'est pas trompé, qu'il sera aisé à Monseigneur de Séez de régler prochainement une question pendante, enfin que Monseigneur de Coutances, en prenant à ses côtés Mgr Lepetit et Mgr Périer, a pu dire : *Scio cui credidi.* Au Père Le Marchand, il applique un mot de Châteaubriand sur l'éloquence des docteurs de l'église dont l'autorité confond et subjugue. Il se réjouit de la concorde entre les deux autorités de la petite cité, félicite les uns, remercie les autres. Il eût parlé de lui,personne n'aurait été oublié.

La lacune est vite réparée. Monseigneur rend à l'activité. au savoir-faire de M. Adam un juste hommage. En s'adressant aux prélats, il leur dit sa joie : à Monseigneur de Bayeux de l'avoir vu franchir « la haie » qui sépare les deux diocèses — ce n'est pas une haie d'épines — pour fêter, à Barfleur, la sœur de promotion de Sainte-Thérère de l'Enfant-Jésus et de Saint-Jean Eudes ; à Monseigneur du Mans de le posséder à ses côtés pour une fête de la Sainte dont il a si bien écrit et parlé parce que avec son talent.il y a mis la piété la plus affectueuse et aussi tout son dévouement aux chères Sœurs de la Miséricorde et de l'éducation chrétienne ; à Monseigneur de Séez, gloire comme Monseigneur Grente de Percy et du diocèse, de le sentir plus confiant, car s'il eût désiré, à l'exemple de la bonne Mère, continuer à faire le bien en se cachant le plus possible, l'heure est venue de s'en remettre, comme elle, à la Providence. Aussi bien,M. le Vicaire capitulaire Leconte,qui tient les rênes depuis plus de six mois, lui apporte-t-il la preuve qu'un chef aimable se fraye toujours à Séez le chemin des cœurs ! La charge peut rester lourde, mais de brillants seconds viennent en aide à celui qui tient la barre. Monseigneur de Bayeux ne démentira pas... Et les âmes délites parvenues, sous une experte direction, en des monastères comme Bricquebec, aux cîmes de la perfection, appuyent par leurs austérités et leur vie intérieure intense l'activité extérieure du clergé. C'est là une pensée qui doit ôter tout découragement. Monseigneur, très applaudi, a encore une parole aimable pour M. le Maire et M. l'Adjoint, les prêtres de Barfleur, l'ancien vicaire, M. Carré ; il remercie à son tour et vivement les initiatives généreuses et les concours désintéressés.

Cependant, les Chemins de fer de la Manche qui ont allongé

les « rames », doublé les trains et même les machines, les voitures de tout genre, hippomobiles et automobiles, achèvent de grossir le flot des pélerins. Rues Saint-Thomas et Saint-Nicolas, la circulation est devenue malaisée. M. le Maire a pris un arrêté qui la réglemente. Mesure de sagesse qui empêche la cohue et prévient les accidents.

L'Apothéose.

Enfin trois heures ! C'est l'heure attendue par cette foule impatiente de jouir du triomphe de sa Sainte. Valognes, Cherbourg et tout le Val-de-Saire sont là. Quinze à vingt mille personnes. La vénérée Madame Truffaut, de Coutances, qui comptait 12 ans quand, il y a quatre vingts ans, mourut Sainte Marie-Madeleine, apporte dans l'allégresse de son âme, toujours jeune et belle, l'hommage remarqué de la compatriote. Aux vêpres, chantées en faux-bourdon, Monseigneur du Mans officie pontificalement, et le R. P Le Marchand donne son second panégyrique. L'auréole qui brille au front de Marie-Madeleine, c'est l'auréole de l'apostolat : notre Sainte a semé la vérité dans le peuple et pratiqué ce qu'elle a enseigné : sa vie a été l'appui de sa parole. Et à l'exemple, pour le fortifier, le rendre plus attrayant, irrésistible, elle a, orante et contemplative, ajouté la prière et la pénitence. Même évangélique parole, des idées élevées en un simple langage ; même grand désir de faire du bien à des compatriotes aimés. La semence a été jetée à profusion dans leurs âmes. Dieu daigne l'y faire croître et produire cent pour un.

Le Père descend de chaire, l'abbé Bultet l'y remplace pour donner des ordres précis et recommander la discipline, le recueillement, la piété. Visiblement, il est compris. Les Sociétés de tambours et clairons prennent la tête du cortège : *Gabiers de Barfleur*, *La Hougue* de Saint-Vaast, *La Révillaise* de Réville ; viennent ensuite, derrière la bannière paroissiale, les hommes et les jeunes gens, l'Union catholique cantonale avec son fanion ; la croix et les paroisses d'Anneville-en-Saire, Clitourps, Gatteville, Montfarville, Réville, Teurthéville-Bocage, Tocqueville, Valcanville, Saint-Vaast, enfin Barfleur ; la musique de Cherbourg, puis, sur un char attelé de deux chevaux blancs — attention de M. Bertin, conseiller général — et dans l'attitude que l'art a rendue familière, la statue de la Sainte de la droite montrant le ciel à sa petite élève. De gracieuses enfants, vêtues de blanc, couronnées de roses, des palmes vertes en leurs mains, l'escortent tout heureuses. Les rues qu'elles foula de son pied léger, discrète et bienfaisante, elle va les revoir ornées pour elle, trouver à chaque maison, sous les fleurs, sa douce image ; la charrette de Tamerville provoquait les rires sur son passage, le char de Barfleur jette de l'émotion plein les âmes. C'est donc elle qui avait raison ! Dieu exalte les humbles. Et la foule le reconnaît qui, partout, s'incline ou se découvre avec respect, comme si la Sainte était là sous ses yeux. Du moins s'y trouvent ses ossements desséchés, précieuses reliques que portent sur leurs épaules M. Canuet, le chapelain de l'Abbaye et trois « Barfleutais » : MM. Robine, Lemonnier et Lepeley, tous les quatre en dalmatiques. Le Conseil municipal entier, maire et adjoint en tête ceints de l'écharpe, MM. Bertin et Xavier Delisle, conseillers généraux, les « Gens de Mer », l'Union catholique paroissiale et autres groupements catholiques suivent, précédant les prêtres en habit de chœur et NN. SS. les Evêques dont les crosses et mitres scintillent au grand soleil de Dieu Vingt-cinq religieuses de la Miséricorde, sous la conduite de leur Révérende Mère Générale et des chères Sœurs Marie-Archange et Marguerite de la Croix, assistantes de la Congrégation, puis les familles Postel, Levallois, Gaillard, Lemonnier, Hay, Delamer, Delacour, Vautier, Lefèvre, Ruaux, Sabourin-Noël, etc., représentent la double parenté de l'héroïne.

Les Noëlistes, les Enfants de Marie, les Mères Chrétiennes terminent la procession, Hymnes liturgiques et cantiques populaires alternent, chantés avec amour. Pas un cri, pas le moindre désordre. Sainte Marie-Madeleine,à Barfleur,a droit de cité.Elle est là chez elle, avec ses amis, ses hérauts. Tous les cœurs lui appartiennent par droit de conquête. Les pères la vénéraient, les fils l'acclament. C'est une vision de paradis.

Là où s'élevait naguère la maison natale, aujourd'hui transformée, de Julie Postel, le cortège s'arrête. Monseigneur bénit la plaque commémorative et, dans la cour de l'orphelinat, Mgr Lemonnier, qui a présidé la procession, donne le salut. M. Adam a révélé le midi que l'aimable et vénéré Prélat célébrait ce jour le vingtième anniversaire de sa consécration épiscopale. Monseigneur l'Evêque n'en a été que plus heureux de lui offrir, avec ses vœux très fraternels, les honneurs de la clôture du triduum. Après la bénédiction, Sa Grandeur gravit à son tour les degrés du reposoir et adresse, mitre en tête, crosse en main, aux milliers de fidèles qu'embrasse son regard une allocution vibrante, un merci chaleureux, où ils sentent, avec satisfaction, sa fierté d'être à la tête d'un si grand, si beau, si religieux diocèse. L'évêque, commis à la garde de la foi, adjure Ste Marie-Madeleine de nous protéger, en ces heures moins troubles que celles de la Révolution, mais tout aussi difficiles, de revenir parmi nous sous la blanche cornette de ses filles, d'obtenir que, dignes d'elle, elles puissent continuer son œuvre, toute son œuvre de charité, étendre leur miséricorde non seulement aux pauvres et aux malheureux, aux malades et aux moribonds, mais, et surtout, jusqu'aux enfants dans les classes. Qu'elle soit encore et toujours en notre doux pays, l'ange de l'Eucharistie et l'ange de l'école !

C'est fini. Déjà ! L'abbé Le Terrier, qui a veillé avec un soin jaloux pendant ces trois jours à l'observance des rites, donne l'ordre du retour à la sacristie de la Bretonne. Les cloches de la canonisation, chantées par le P. Maillard, achèvent là-bas leur *Te Deum*, il faut quitter, à regret, ce coin de terre privilégié que sanctifièrent la foi et la charité d'une humble femme, et qui fut si cher à Mgr Germain, Mgr Guérard et Mgr Legoux, si dévots à *la Sainte de Barfleur*.

Le soir, une grande fête vénitienne retiendra encore jusqu'à minuit, sur les quais splendidement illuminés, une foule énorme. Un Granvillais qui vibre — en est-il qui ne vibrent pas — en qui les marins de Barfleur ont reconnu l'un des leurs : un homme de la mer, l'abbé Bultet, a réquisitionné et obtenu depuis huit jours des patrons de barque leur concours pour une féerie nautique. Est-ce Paris un soir de 14 juillet sur les bords de la Seine, ou Venise à qui fait songer la gondole ? En tout cas, les yeux ne se lassent pas d'admirer, ni les oreilles d'ouïr. Légères, les embarcations évoluent avec grâce au milieu des feux de toutes couleurs et ce n'est plus au fond des bois mais sur les flots qu'on aime le son du cor !... La musique d'amateurs cherbourgeois fait merveille ; les *Chanteurs de Notre-Dame* conquièrent de nouveau tous les suffrages, surtout dans l'interprétation de Rossel, dont l'œuvre « Sû la mé », toute de circonstance, est parfaitement rendue. C'est un enchantement, mais éphémère. L'embrasement de l'église est le signal du départ. Les lampions s'éteignent, les spectateurs s'en vont ; demain, au réveil, Barfleur réapparaîtra ce qu'il était hier. La vie, toujours laborieuse, y deviendrait monotone si ses habitants ne pouvaient jeter les yeux sur l'église qui n'est située si près du port que pour leur rappeler qu'elle les y conduit. Ils ont fêté leur Sainte avec un enthousiasme digne des plus grands éloges. Qu'ils reprennent ses pas sans se lasser jamais pour la rejoindre près de Dieu !

X***

PANÉGYRIQUE

DE

Sainte Marie-Madeleine POSTEL

prononcé dans l'Eglise de Barfleur, le Vendredi 6 Août 1926

par M. le Chanoine de Chivré, Archiprêtre de Mortain

Ecce ego mittam Angelum meum qui præcedat te et custodiat in via.

J'enverrai un de mes Anges qui marchera devant vous et qui vous protègera.

MONSEIGNEUR,

MES FRÈRES,

Au jour, qui s'éloigne déjà, de la Béatification de l'illustre enfant de Barfleur, que l'Eglise a depuis inscrite au nombre de ses Saints et que vous fêtez dans ce solennel Triduum, — au moment précis où dans la basilique de Saint-Pierre de Rome, se terminait la lecture du Bref qui la plaçait sur les autels, — soudain la gloire du Bernin s'éclaira de mille feux.

Dans une clarté qui faisait rêver du Paradis, l'image de la Mère Marie-Madeleine apparut. Les trompettes d'argent résonnèrent ; les cloches s'ébranlèrent ; les notes vibrantes et enthousiastes du *Te Deum* éclatèrent.

Et au milieu de ce concert de voix, dans cette splendeur éblouissante, devant cette foule ravie, l'humble Religieuse semblait planer au milieu des nuages, toute entourée d'Anges. L'un tenait à la main la Croix, dont la grande servante de Dieu avait voulu faire son inséparable compagne ; un autre, la branche de lys, symbolisant son indéfectible pureté ; un autre encore lui présentait le livre des Constitutions qui fut pour elle le secret de la perfection et comme le chemin du Ciel.

La bonne Mère Marie-Madeleine au milieu des Anges ! Que ce devait être beau, mes Frères et surtout comme c'était l'expression d'une touchante réalité.

Comme elle était bien à sa place, elle qui fut en toute vérité, **un Ange sur la terre ;**

elle qui, autant qu'une créature humaine peut le faire, *emprunta aux Anges l'ardeur de leur amour* et *l'intensité de leur zèle.*

C'est en m'attachant à cette double pensée que j'essaierai de faire devant vous l'éloge de sa Sainteté.

MONSEIGNEUR,

Sainte Marie-Madeleine Postel vous compte au nombre de ses plus fidèles clients.

Après l'avoir, avec toute votre autorité et tout votre talent, présentée à la vénération du diocèse dans une splendide lettre pastorale, vous avez rehaussé, par l'éclat de votre présence aimée, les fêtes que célèbrent en son honneur tous les lieux où s'écoula sa mortelle vie. Hier, c'étaient Cherbourg, Valognes, Tamerville, Saint-Sauveur-le-Vicomte ; — aujourd'hui c'est Barfleur qui s'honore de l'avoir vu naître et grandir. Et tandis que prêtres et fidèles sont si fiers de se réjouir, et de prier avec Votre Grandeur, comment la Vierge qui est couronnée au milieu des Anges n'obtiendrait-elle point pour l'Ange de sa chère Eglise de Coutances l'abondance des secours divins et des consolations pastorales ?

I

Les Anges, vous le savez mes Frères, sont d'une nature bien plus parfaite que la nôtre.

Purs esprits, ils sont dégagés de tout lien qui les rattache à la terre ; ils n'ont point, comme nous, à traîner cette chair de péché, qui faisait si lamentablement soupirer Saint-Paul ; — qui est, par ses instincts, ses convoitises et ses nécessaires faiblesses, une source inévitable de tentations et un obstacle continuel à la Sainteté.

Toutefois il y a des Saints, — c'est là une merveille opérée par la grâce, — qui ont su si bien maîtriser cette partie inférieure d'eux-mêmes ; — qui, à force de sacrifices, d'efforts, de luttes, de mortifications,ont réussi à établir si parfaitement dans leur être l'empire de l'esprit sur la chair, qu'ils sont en quelque sorte les émules des Anges.

Parmi ces héros de la pureté et de la pénitence, Anges dans des corps de chair, notre Sainte tient assurément une place d'honneur.

De bonne heure, l'Esprit de Dieu lui avait fait déclarer ses surnaturelles préférences. « Moi, disait-elle toute petite enfant, je veux être vierge » ; elle prononçait ce mot, bien avant qu'elle en pût comprendre l'exquise profondeur.

Peu importe, c'était la main créatrice qui la lançait vers l'azur des Anges. Durant sa longue vie, elle ne cessa de monter, d'une aile toujours plus vigoureuse, vers cet azur des Anges.

Elle venait d'entrer dans sa neuvième année, quand elle fut jugée digne, en raison de l'excellence de ses dispositions, de recevoir pour la première fois la Sainte Eucharistie.

Son confesseur jugea que l'union entre Jésus et sa fidèle servante pouvait bien être indissoluble ; il lui permit, — à un âge où les enfants n'ont d'habitude en partage que la légèreté et l'irréflexion — de prendre les chaînes de la virginité, que depuis longtemps déjà le Maître lui offrait et qu'elle-même demandait avec toute l'ardeur de son amour : elle fit vœu de chasteté perpétuelle.

Ce vœu, mes Frères, réclame, vous vous en doutez, pour être bien gardé, d'infinies delicatesses et d'incessants efforts. L'âme qui veut pratiquer la chasteté, doit ressembler à la timide colombe qui fuit rien qu'à entendre le bruit d'un pas. Elle est comme une belle fleur, mais une brise l'émeut, un rayon trop vif fait incliner sa tête ; il ne faut que l'étreinte de la moindre gelée pour la faire mourir.

Comment vous dépeindre le soin jaloux avec lequel Julie Postel garde son trésor.

Elle apparait si modeste et si recueillie que, lorsqu'elle traverse les rues de votre coquette bourgade, ceux qui la voient ne peuvent s'empêcher de lui rendre hommage : « Voilà la Sainte qui passe ! »

Elle sait si bien les dangers de la terre qu'elle passe au milieu des créatures, on peut le dire, sans leur accorder un regard.

Elle souffre que les circonstances la retiennent au-milieu du monde ; elle rêve de s'en séparer complètement et de trouver dans le détachement le plus absolu du couvent, un moyen de s'unir plus entièrement à Dieu.

Elle attend ainsi jusqu'à l'âge de cinquante ans, et c'est vraiment le cœur débordant d'allégresse, que le Mardi 8 Septembre 1807, dans la chapelle de l'Hospice de Cherbourg, elle peut enfin recevoir le saint habit des Vierges et faire, avec trois compagnes, la solennelle profession de vie religieuse.

La chasteté en est une des principales clauses. Oh ! comme la Sainte Supérieure se plaira dans la suite à le rappeler à ses filles : Comme elle leur redira que « le cœur des vraies religieuses doit se fermer aux amollissants amours d'ici-bas et ne battre que pour Dieu ».

Aussi, raconte son historien, de son être, il se dégageait quelque chose d'impressionnant et de céleste. Un saint recueillement s'emparait de ceux qui s'approchaient d'elle.

Son regard inspiré semblait lire dans un autre monde et y contempler des choses merveilleuses ; on sentait que sous cette frêle enveloppe de chair se cachait une âme d'une rare beauté. Comme l'a si bien dit Monseigneur Germain, « cette âme était un miroir dans lequel Dieu pouvait contempler la pureté des esprits célestes ; son corps était le cristal transparent qui laissait deviner son incomparable candeur. » *Ecce ego mittam Angelum meum.*

Mais, je l'ai dit, mes Frères, la pureté ne fleurit dans une âme que sous la poussée de la sève vigoureuse de l'abnégation et du sacrifice.

Sainte Marie-Madeleine n'a pas échappé à la loi commune.

Sans cesse, comme pour la mieux détacher de la terre, la Providence la met aux prises avec des épreuves de toute nature.

Comme un vent de tempête, qui multiplie les ruines, la Révolution se déchaîne sur la France. La pieuse fille de Barfleur voit sa religion de toutes parts persécutée ; elle se trouve par là même privée des secours religieux qui avaient été jusque là son soutien et sa consolation. Elle sent sa chère église entre les mains de pasteurs égarés auxquels il ne faut pas qu'elle accorde sa confiance. Elle n'a, pour conserver son Dieu, d'autre ressource que de lui offrir une cachette dans sa propre demeure, et elle se trouve, de ce fait, exposée à toutes sortes de perquisitions et de menaces qui pouvaient d'un moment à l'autre la conduire au martyre.

Puis quand l'orage est écarté et que cette femme admirable l'a laissé passer joyeuse, fidèle, courageuse toujours, voilà pourtant qu'il lui faut encore marcher sur la route du Calvaire et tremper ses lèvres au calice de l'amertume.

Tristesses de famille, d'autant plus pénibles qu'il faut les supporter en silence ; — difficultés de toutes sortes dans la fondation de son Institut ; — pénuerie totale de ressources ; — coups implacables de la mort,venant faucher à ses côtés les plus dévouées de ses compagnes : rien ne lui fut épargné.

Après avoir erré de Cherbourg à Octeville-l'Avenel, d'Octeville-l'Avenel à Tamerville, la voilà à Valognes !

Elle a été méconnue par ceux-là même qui auraient dû soutenir et bénir son zèle ; elle ne peut plus se livrer aux œuvres pour lesquelles elle a tout quitté en ce monde ; comme on l'a dit dans sa vie, c'est « l'agonie «.

Pour elle comme pour Jésus au Golgotha, le Ciel semble d'airain et sourd à ses prières : « Mon Dieu, mon Dieu, pourquoi m'avez vous abandonné ? »

Celui qui près d'elle tient la place de Dieu, M. Cabart son directeur de conscience, qui jusqu'ici l'avait aidée de ses encouragements et de ses conseils, se retire, jugeant que l'expérience avait assez duré. Pour une âme telle que la sienne, il ne pouvait y avoir de coup plus douloureux et plus sensible que celui-là !

Enfin, c'est Saint-Sauveur-le-Vicomte !

Encore que l'horizon semble moins noir, parce que l'Abbaye offre un asile moins précaire; — parce que la Communauté s'agrandit, parce que les sœurs font preuve d'un courage et d'une générosité que ne lassent pas les difficultés,que de nuages encore dans le ciel.

A l'évêché de Coutances, à Valognes, à la cure de Saint-Sauveur-le-Vicomte, c'est la disparition d'amis fidèles et d'appuis éclairés ; — ce sont des entraves mises aux œuvres de l'Institut ; — à certains moments, c'est la ruine financière presqu'imminente ; — ce sont des constructions élevées au prix de combien de fatigues et de combien de privations qui s'écroulent en une nuit.

On lit souvent dans l'histoire des saints qu'ils avaient soif de persécutions et de souffrances. Certes,Sainte Marie-Madeleine Postel ne le cède à aucun autre dans l'ardeur de ses sublimes désirs et avec quelle admiration nous l'entendons s'écrier au milieu de ses plus grandes afflictions : « Encore plus, Seigneur, encore plus ! »

N'est-il pas vrai ? Dieu n'a pas manqué d'exaucer ses vœux. Tout le cours de sa longue vie nous la voyons ployée sous le poids de quelque croix : comme la Mère de Pitié dont elle portait partout si fidèlement la statue, elle a son cœur transpercé sans cesse par le glaive de la douleur.

Eh bien ! mes Frères, comme si toutes ces épreuves ne suffisaient pas encore, l'héroïque servante de Dieu s'ingénie à se faire souffrir. Elle a compris la parole de St-Paul : « *Ceux qui appartiennent au Christ crucifient leur chair avec ses vices et ses convoitises* ». Elle a peur que cette chair, si elle était traitée trop doucement, ne reprenne ses droits et n'étouffe les nobles aspirations de l'esprit : aussi, elle la réduit en servitude ; elle la macère par la pénitence, elle la meurtrit par la discipline, elle l'affaiblit par les privations et les jeûnes.

Toute jeune enfant, n'avait-elle pas choisi deux coquilles et ne s'était-elle pas fabriqué de petites balances pour peser les deux onces de pain qui, avec un peu d'eau, devaient composer le frugal menu de sa collation ?

N'avait-elle pas, en cachette introduit dans son lit une pierre pour lui servir de traversin ?

Religieuse, elle voulut n'avoir d'autre couche qu'une croix toute nue et encore ne s'y étendait-elle que peu d'instants pendant la nuit, dont la majeure partie était consacrée à la prière. Elle jeûna tous les jours ; elle s'abstint, jusqu'à la fin de sa vie, de viande et même de poisson ; elle se couvrit habituellement du cilice et de la haire ; on trouva sur sa poitrine, après sa mort (et elle avait quatre-vingt-dix ans), un corset qu'elle avait intérieurement garni de pointes de fer dont le nombre dépassait le millier et qui étaient toutes rougies de son sang.

Folie, dira peut-être le monde ! Et nous, nous lui répondons : Sagesse, le dernier mot de cette sagesse des sagesses qui est l'amour divin.

Voilà Sainte Marie-Madeleine, véritable ange terrestre, âme reine dans un corps pour ainsi dire inexistant, tellement il était mortifié ; vivant sur la terre sans s'y attacher jamais ; allant toujours aux buts fixés d'en-haut avec une inflexible droiture, sans se laisser arrêter aux épreuves, ni émouvoir aux obstacles. *Ecce ego mittam angelum meum qui prœcedat te.*

Un tel spectacle assurément, mes Frères, provoque notre admiration, mais, ne le trouvez-vous pas ? il nous déconcerte aussi, tant nous sentons grande notre faiblesse et petite notre générosité. Quelle distance en effet nous sépare de cet ange de pureté et de sacrifice que fut notre sainte !

Dans notre cœur, que de bassesse, que de corruption, que de lâches compromissions avec le péché ! Dans nos regards que d'immodestie ; dans notre imagination, que de tableaux malsains ! Dans notre volonté que de désirs coupables ! Sur nos lèvres, trop souvent, quel déshonorant langage ! Dans tout l'ensemble de notre vie, que de mollesse, quelle horreur de l'effort, quelle crainte de la souffrance ! Comme,hélas ! rêvant seulement d'une existence facile, nous n'avons, suivant une expression de la Bonne Mère, *que des coups de piedspour repousser les croix qui s'offrent à nos épaules !*

Evidemment, notre sainte nous condamne, mais aussi elle nous rappelle au devoir. Elle est l'ange qui marche devant nous et nous trace la route à suivre. *Mittam angelum meum qui præcedat te.*

Puissent ses beaux exemples impressionner nos âmes. Puisse surtout son bienfaisant secours nous rendre plus mortifiés et plus purs !

II

Le nom des Anges, au dire des Pères, ne marque point tant l'excellence de leur nature, que celle de leurs fonctions.

Or, ces fonctions, nous les pouvons ramener à deux principales : adorer Dieu dans l'éclat de sa gloire, le servir en exécutant ses volontés et en étant ses messagers près des hommes.

C'est sans doute ce que Saint Jean a voulu nous exprimer lorsqu'il nous a dit qu'il sont sans cesse devant le trône de Dieu, pour lui offrir les continuels transports de leur amour, mais qu'ils y sont debout pour marquer dans cette posture qu'ils sont toujours prêts à faire œuvre de zèle et d'obéissance. *Omnes angeli stabant in circuitu throni.*

Telles furent tout à la fois l'attitude et l'angélique occupation de Sainte Marie-Madeleine sur la terre. *Stabat in circuitu throni.*

Sa vie fut comme une incessante adoration autour du trône de Dieu. Ah ! sans doute, le trône où elle se plut à adorer son Dieu, ce ne fut pas le trône de puissance et de majesté d'où Saint Jean voyait sortir les éclairs et autour duquel il entendait gronder le tonnerre : ce fut celui des humiliations et de l'amour du Seigneur rapproché de la terre ; ce fut l'autel, le tabernacle eucharistique, trône où sa foi lui montra son Sauveur régnant comme au ciel.

Combien elle l'aima, le tabernacle du Dieu des vertus ! *Quam dilecta tabernacula tua, Domine virtutum.*

A Barfleur, chaque soir, elle obtenait du sacristain la clef de l'église des Augustins, située près de sa demeure. Elle y faisait à Notre Seigneur une visite d'adieu qui se prolongeait bien avant dans la nuit. Parfois, elle s'oubliait dans la douceur de prier et d'aimer et les rayons du jour la surprenaient encore agenouillée : la nuit avait passé comme une heure dans un avant goût et un apprentissage de l'éternité.

Chaque jour, depuis son âge de neuf ans, elle se nourrit du pain eucharistique.

Quand vinrent les jours mauvais de la Terreur, elle obtint la permission de transformer en oratoire un coin de sa maison, caché sous un escalier de granit ; là, elle dissimula un calice, un ciboire, quelques ornements sacrés, et sous son toit, au péril de sa vie, elle garda son Jésus dont les circonstances la faisaient en toute précision du terme « *l'ange protecteur* ».

Quand les temps furent plus sombres encore, on jugea imprudent de laisser la sainte Réserve dans le tabernacle.

Julie Postel devint alors comme un mouvant oratoire, autorisée qu'elle fut à garder la divine Hostie sur elle-même pour la soustraire aux profanateurs. *Stabat in circuitu throni.* Oui ! comme vers ce trône qui était sa poitrine généreuse et sur lequel Dieu reposait, montait, semblable à l'encens d'agréable odeur, sa prière ininterrompue et brûlait, tel le feu qui ne s'éteint jamais, son ardent amour.

Plus tard, à Saint-Sauveur-le-Vicomte, dans la vieille abbaye bénédictine dont elle a racheté les ruines, elle rêve, dans sa charité, d'un trône plus beau pour le Dieu de son cœur. Elle rapproche, comme par miracle, les pierres dispersées du sanctuaire, elle les remue, elle-même, de ses mains virginales ; malgré son dénuement, elle élève à la gloire du Très-Haut un monument pour lequel, disait le Père d'Aurevilly :

Le pouvoir colossal et l'or de Sainte Hélène
N'auraient suffi qu'à peine.

Et encore maintenant comme cette Eglise redit éloquemment au pieux pèlerin qui la visite, l'angélique ferveur de celle qui la réédifia : *Stabat in circuitu throni.*

Quand on parcourt ce temple, prodige de foi et d'audace chrétiennes, on voit çà et là, sur le sol d'une des basses nefs, des pierres bleuâtres, portant des inscriptions. Elles marquent, ces pierres, les diverses étapes de la reconstruction de l'église ; elles indiquent les endroits où, successivement, se tenait la sainte fondatrice pour entendre la messe et pour prier, s'avançant à mesure que les travaux se poursuivaient; se rapprochant sans cesse de l'autel où était son Bien Aimé. Sur l'une on lit : « *C'est là que l'amour parlait à l'amour* ». En effet, de quels élans de charité ces pierres furent les témoins muets ! Combien souvent elles furent baignées par des larmes d'amour au cours d'angéliques préparations à la communion et dans des actions de grâces pleines de ferveur !

Par son union à Dieu, par sa piété, par son respect et son amour pour l'Eucharistie, quel modèle Sainte Marie-Madeleine est encore pour nous ! *Mittam angelum meum qui præcedat te.*

Et maintenant qui s'étonnera de voir cette âme incomparable, « se faire, suivant la belle expression de Saint Paul, *toute à tous pour les gagner tous à Jésus-Christ* »...

Des gens peu initiés aux mystères de l'amour divin pourraient s'imaginer en face de cette femme si entièrement détachée des créatures qu'elle avait le cœur fermé à l'amour de ses semblables.

Erreur profonde ! Détachée des créatures, oui, certes ! elle l'était, mais sa foi lui révélait Dieu partout, surtout dans son prochain, et dès lors, elle, la grande avare d'amour, la voilà qui se jette à cœur et à corps perdus vers son prochain, image et fils de Dieu et l'enlace d'une indicible étreinte.

Ses grands amis furent les pauvres, ceux-là surtout dont la maladie ou quelqu'infirmité doublait l'infortune.

A cinq ans, elle se fait mendiante et va de porte en porte tendre la main pour eux.

Dans la suite, en face de détresses particulièrement émouvantes, sous le coup d'une pitié qui la mettait hors d'elle-même, elle vend tout, dit son historien, « tout, hormis le vêtement de ses sœurs. »

Cette héroïque charité n'épuisait pas son cœur : il y restait des tendresses plus grandes peut-être encore et plus actives pour les enfants.

Oui ! apôtre des enfants, ange des enfants, voilà surtout ce qu'elle fut, et ce à quoi il semble que Dieu l'a prédestinée. *Ecce ego mittam angelum meum qui custodiat in via*

Encore petite enfant, elle réunit ses compagnons et ses compagnes, et ceux-ci, attentifs et ravis, oublient leurs jeux pour l'entendre parler du Bon Dieu.

De retour à la maison paternelle, quand, ayant achevé son éducation, elle sort de la royale abbaye bénédictine de Valognes tout de suite, sans hésitation ni tatonnements, elle ouvre une école.

La voilà maîtresse d'école à dix-huit ans: elle le sera encore à quatre-vingt ans passés. Dans l'intervalle immense, que de gènérations n'abreuva-t-elle point aux sources sanctifiantes de son cœur ?

Ces âmes d'enfants, comme elle les aima; comme elle travailla pour leur donner Dieu et les donner à Dieu !

Et tandis qu'elle se dévouait par amour, l'amour rayonnait autour d'elle. Les élèves s'attachaient si bien à leur maîtresse, que la plus grande punition qu'on pût leur infliger était de les éloigner d'elle : ils grandissaient dociles et pieux, animés pour les luttes de la vie, formés à la vertu et au devoir.

Heureuse, oui ! mille fois heureuse, la jeunesse formée par une telle institutrice, ou tout au moins avec les mêmes solides et sanctifiants principes.

Car enfin, enlevez Dieu de l'âme d'un enfant ! Que lui restera-t-il pour surmonter les tentations, pour se résigner devant les douleurs, pour résister aux coups de vent de la vie ? Où trouvera-t-il non pas la force, mais un simple motif de ne point céder aux mauvais instincts de sa nature ?

Aussi le plus grand bien pour un peuple, c'est un enseignement chrétien donné à la jeunesse — et le plus redoutable fléau, celui qui n'aboutit à rien moins qu'à un véritable carnage d'âmes, c'est l'école athée !

N'oublions jamais, mes Frères cette grande leçon que nous donne, plus éloquemment que personne, Sainte Marie-Madeleine Postel, apôtre et ange de l'enfance.

*
* *

Saint Bernard remarque dans les Anges trois excellentes qualités sans lesquelles l'homme ne pourrait attendre d'eux une protection parfaite. « Ils ne manquent, dit ce Père, ni de prudence pour prévoir nos besoins, ni d'amour pour en être touchés, ni de pouvoir pour les soulager. *Prudentes sunt. fideles sunt, potentes sunt.*

Pour poursuivre jusqu'au bout la comparaison que j'ai cherché à établir entre notre chère Sainte et les esprits célestes, ne convient-il pas de dire que ces qualités. elle aussi les possède, et que par suite elle s'impose à notre confiance.

O Sainte Mère Marie-Madeleine, vous savez combien grande est notre misère ; combien tous nous avons besoin d'être affermis dans la foi, encouragés dans la vertu, soutenus dans la lutte, préservés de la crainte qui fait les lâches et du découragement qui fait les timides.

Vous qui avez tant aimé l'enfance, veillez sur les jeunes générations qui grandissent. Mettez en œuvre pour les protéger et leur assurer des maîtres et des maîtresses animés de votre esprit, tout votre dévouement et toute votre puissance. Ne souffrez pas que l'impiété tue la foi dans leur âme ; donnez aux parents assez de noblesse et de grandeur d'âme pour que sur ce point capital ils ne transigent jamais avec les exigences de leur conscience chrétienne ; et ainsi, ô bonne Mère, préparez, du séjour de gloire où vous êtes heureuse parmi les Anges, la restauration du règne du Christ dans nos familles, dans nos paroisses, dans tout notre cher pays de France.

Ainsi soit-il.

PANÉGYRIQUE

DE

Sainte Marie-Madeleine POSTEL

prononcé dans l'Eglise de Barfleur, le Samedi 7 Août 1926

par le R. P. Le Marchand, de l'Ordre des Frères-Prêcheurs

MONSEIGNEUR,

MES FRÈRES,

L'infirmité de la plupart des hommes est de ne pouvoir réaliser ensemble les deux grandes vertus qui pourtant sont nécessaires à la perfection morale : je veux dire, **la Force d'âme** et **la Bonté du cœur**.

Les uns nous apparaissent doués de toutes les énergies, de toutes les initiatives, de toutes les endurances ; austères travailleurs, ne déviant jamais de la ligne droite, censeurs sévères des autres ; mais il n'ont pas ce je ne sais quoi d'achevé, de doux, de tendre, d'agréable, qui touche les cœurs et les attire : *il leur manque la bonté.*

Les autres, au contraire, possédent toutes les compassions, toutes les bienveillances. tous les dévouements ; on les voit se pencher avec amour sur toutes les misères, pardonner toutes les fautes ; mais ils sont facilement faibles, changeants dans leurs desseins ; ils n'osent pas se dresser en face du mal pour le combattre ; *il leur manque la force d'âme.*

Or, mes Frères, par une prédestination très particulière de Dieu, par ses efforts personnels aussi, notre bienaimée Sainte de Barfleur à échappé à cette loi qui fait de nous des êtres incomplets dans leurs vertus. Plus nous étudions son admirable vie, plus l'âme de Sainte Marie-Madeleine Postel nous apparaît ornée, au même degré héroïque, de la force d'âme et de la

Bonté du cœur ; en sorte que, s'il fallait la peindre en deux mots lapidaires, nous devrions dire d'elle ces deux simples paroles :

Forte comme le diamant !
Tendre comme une mère !

Ce sera tout le sujet de cet entretien.

Me permettrez-vous, chers habitants de Barfleur, de vous dire combien je suis fier, et heureux tout à la fois, de pouvoir apporter ma petite part à la glorification de notre si chère et si grande compatriote. Je sais bien que je ne suis qu'un humble fils de Montfarville, et que Julie Postel est de Barfleur. Mais je sais aussi — et tous nos anciens le savent — que Montfarville et Barfleur, ont toujours été, dans ce Val-de-Saire où toutes les paroisses sont sœurs, unies par des liens et des rapports plus étroits que les autres, que même, à une certaine époque, Notre-Dame de Montfarville fut incorporée à la Saint-Nicolas de Barfleur. Je sais surtout que, pendant la période révolutionnaire, notre Sainte se plut à porter à Montfarville, comme à Barfleur les secours religieux que lui inspirait son ardente charité pour les âmes : les fils ne peuvent pas oublier les dettes des pères.

Il m'est doux aussi, Monseigneur, de traiter un pareil sujet en présence et sous le patronage de Votre Grandeur. Tout ce que m'ont dit de Vous mes frères de Nancy, qui ont eu l'honneur de vous voir à l'œuvre dans votre ancien diocèse ; tout ce que m'ont dit mes condisciples et amis qui vous voient à l'œuvre dans ce diocèse de Coutances, tout me prouve que vous êtes vraiment de ces Evêques, élus de Dieu, qui ont à cœur d'être pour leur troupeau ce que je veux dire de Sainte Marie-Madeleine Postel :

Forts comme le diamant,
Tendres comme une mère !

I

Autour de nous, dans la nature, la force se manifeste sous un double aspect. Le vent qui vient du large et qui, à certains jours, souffle en tempête, semblant vouloir tout anéantir, c'est une force, une puissance d'action. Le rocher de nos grèves qui, depuis des siècles, est battu par les flots en courroux et qui reste inébranlable, indestructible, c'est une force, une puissance de résistance.

Il en est ainsi pour l'âme humaine. La force morale, c'est d'abord cette *puissance d'initiative*, ce courage, cet élan généreux qui nous fait entreprendre de grandes choses pour notre bien ou celui des autres, c'est encore cette *puissance de résistance*, cette endurance qui poursuit son chemin sans se décourager, sans regarder en arrière, qui n'est pas rebutée par les échecs, les humiliations, les fatigues et qu'aucun obstacle ne saurait arrêter.

Or, mes Frères, est-ce que Sainte Marie-Madeleine Postel n'a pas réalisé merveilleusement cette double force morale ? Est-ce que tout d'abord elle n'a pas entrepris, avec le courage le plus viril, les plus difficiles tâches ? Souvenez-vous !

S'il est une tâche, une œuvre difficile, c'est, à coup sûr, celle de donner asile aux prêtres de Jésus-Christ, celle de favoriser le culte catholique, celle de réunir les fidèles chez soi, de les conduire dans des réunions clandestines, de leur porter la communion, de faire le catéchisme, en un temps où toutes ces œuvres religieuses sont défendues sous peine de mort.

Or, Julie Postel, la généreuse jeune fille, eut le courage de braver tout, pour garder la Religion au cœur des malheureux chrétiens de son pays. Elle ne craint pas de conserver dans sa maison la Sainte-Eucharistie ; elle ne craint pas, aux plus mauvais jours, d'aller chercher des prêtres pour qu'ils viennent en sa demeure célébrer les saints mystères ; elle ne craint pas de conduire des enfants et jeunes gens dans des granges pour qu'ils y fassent leur première Communion. N'est-ce pas là de l'initiative ?

S'il est une œuvre difficile, c'est celle qui consiste à fonder, avec rien, une congrégation religieuse, sans argent, sans maison, sans sujets, sans appui, — destinée à enseigner la jeunesse et à réparer les ruines d'une Révolution, qui avait ravagé tout, temporel et spirituel.

J'imagine qu'en 1806, les catholiques se concertaient pour reconnaître l'extrême urgence d'agir ; chacun donnait ses avis, exposait son plan, mais personne ne se mettait à l'œuvre !... Julie Postel, elle, n'hésita pas un seul instant. Dès qu'elle connaît la volonté de Dieu, elle abandonne sa famille et son village : elle prend le chemin de Cherbourg, loue une maison, appelle des âmes de bonne volonté, établit une règle, prononce des vœux,revêt un habit de religieuse. C'est peu en apparence et moi, je pense que c'est la plus hardie des entreprises, quand je songe que celle qui assume cette tâche est une humble femme de 50 ans, et qu'elle travaille au milieu d'un monde qui n'est nullement préparé à de telles initiatives et qui ne les comprend pas !

Mais il y a plus encore...

Si la Société du 19e siècle avait compris son devoir, ou simplement voulu son intérêt, non seulement la Sainte de Barfleur n'aurait pas rencontré d'obstacles sur son chemin, mais encore elle n'aurait trouvé, à chacune des œuvres qu'elle entreprenait que des approbations, des encouragements, des secours. Est-ce que ce n'était pas en effet l'intérêt de la Société de favoriser une œuvre qui lui apportait tous les éléments d'ordre, de paix, dont elle avait si grand besoin ? Est-ce que ce n'était pas l'intérêt de tous de favoriser une œuvre qui travaillait à former des jeunes filles chrétiennes, des épouses fidèles, des mères dévouées, des maîtresses de maison économes, charitables, laborieuses ? Hélas ! la société d'alors ne comprit pas, et, dès les origines de sa fondation, Julie Postel ne rencontra que des épreuves. Mais ces épreuves mêmes permirent à notre sainte de manifester son extraordinaire *force de résistance*.

Oui, les épreuves furent nombreuses et terribles : épreuve de la pauvreté, telle que la Bonne Mère ne peut pas même louer un logement suffisant et qu'elle est obligée d'aller s'installer, à Octeville-l'Avenel, dans une misérable étable ! — épreuve de la maladie qui s'abat sur les humbles filles qui se sont données à elle, et qui, en quelques mois, en conduit quatre au tombeau ! — épreuve des critiques, des blâmes, du défaitisme que les âmes les mieux intentionnées sèment à profusion autour d'elle ! — épreuve des longues années passées sans que personne vienne se joindre à elle ! — épreuve de la foudre qui détruit en quelques instants une église restaurée au prix des plus grands sacrifices !...

Or, mes Frères, en face de toutes ces épreuves, Sainte Marie-Madeleine n'a qu'un mot sur les lèvres : « Confiance en Dieu ! » — elle n'a qu'un programme : Tenir !

Et elle a tenu ! Elle a tenu contre la pauvreté, contre la mort, contre les critiques, contre les éléments, contre la foudre, contre la maladie et la vieillesse ! Nous avons donc le droit de chanter d'elle : « *Quia fecisti viriliter eris benedicta in æternum !* » Parce que vous avez agi avec force votre mémoire restera à jamais en bénédiction ! » Mais nous avons aussi le devoir d'ac, cueillir la grande leçon qu'elle nous donne. A son exemple, quand vient l'heure de l'adversité, nous appuyant sur Dieus restons fermes et inébranlables. En tout et partout, malgré le- difficultés et les obstacles, n'ayons d'autre souci que d'accomplir la volonté de Dieu. A l'exemple de Sainte Marie-Madeleine, soyons forts comme le diamant — à l'exemple de celle qui fut tendre comme une mère, à la force de caractère, joignons la bonté du cœur !

II

Tendre comme une mère !... Il n'est personne de vous qui ne sache, par expérience, ce que signifient ces paroles.

Il suffit d'évoquer le souvenir de la femme bienaimée qui nous a portés dans son sein, qui nous a nourris de son lait, bercés sur ses genoux et dans ses bras, qui nous a donné tout d'elle : son sang, son cœur, le sourire et les larmes de ses yeux, les plus douces paroles de ses lèvres, les dévouements les plus généreux de ses mains.

Tendre comme une mère, cela veut dire : compatir à toutes les souffrances, soulager toutes les misères, semer à pleines mains les bienfaits ; en un mot, être bon, de la bonté totale, qui donne et qui se donne...

Est-ce que, mes Frères, notre chère Sainte Marie-Madeleine n'a pas été cela — et au degré le plus héroïque — et tous les jours de sa vie ?

Est-ce qu'elle n'était pas bonne... ineffablement bonne à tous ceux qui souffraient... la petite enfant de Barfleur qui, à cinq ans, s'en allait porter son pain aux pauvres du village et se privait de tout pour assurer un peu de soulagement aux malheureux ?...

Est-ce qu'elle n'était pas bonne... ineffablement bonne... la sainte demoiselle qui, à Cherbourg, a commencé cette œuvre des soupes populaires, qui a soulagé tant de détresses en un temps où la vie était dure aux petits ; l'institutrice dévouée qui a recueilli des enfants sans mère, les a nourries, habillées, logées, instruites... à force de privations et de veilles ?...

Est-ce qu'elle n'était pas bonne... ineffablement bonne... la religieuse si mortifiée de Tamerville, qui faisait boulanger du pain blanc pour les pauvres et se contentait, pour elle et ses sœurs, de pain de son et de recoupe ?

Est-ce qu'elle n'était pas bonne... ineffablement bonne... la « Bonne Mère » qui, à Saint-Sauveur, s'inquiétait des plus infimes détails quand il s'agissait du bonheur de ses filles et de ses élèves, trouvait pour tous une parole aimable, un sourire encourageant, accomplissait même des miracles pour éviter aux autres une souffrance ?

Est-ce qu'elle n'était pas bonne..., ineffablement bonne..... la Sainte qui pardonnait les injures avec une promptitude et une générosité incomparables, qui excusait les fautes des maraudeurs et, pour tout châtiment, leur faisait remettre un morceau de pain ? D'ailleurs, une de ses devises favorites était celle-ci : « Il faut tout sacrifier pour rendre le prochain heureux ! ».

Et j'ose dire enfin, mes Frères, est-ce qu'elle n'est pas toujours bonne... ineffablement bonne... cette sainte qui, depuis quatre-vingts ans, ne cesse pas de répandre sur les corps et les âmes, les guérisons, les consolations, les lumières, les forces, tout ce qui rend la vie plus douce et le salut éternel plus assuré ? Le peuple chrétien de notre Normandie apprécie cette bonté et, pour désigner Sainte Marie-Madeleine Postel, il n'y a qu'un mot dans le langage populaire : on l'appelle partout la « Bonne Mère ». Celle qui, à l'exemple du Christ, a passé sur terre en faisant le bien.

Quelle leçon pour nous, mes Frères ! Sans doute, les temps ne sont plus ce qu'ils étaient il y a cent ans, et, je ne l'ignore pas, quiconque veut travailler aujourd'hui peut, plus facilement qu'alors, gagner son pain. Mais je sais aussi que la parole du Christ n'a rien perdu de sa valeur : « Il y aura toujours des pauvres parmi vous ! » Ils sont là, autour de nous, les vieillards sans asile, les malades sans soins, les déshérités sans secours, les orphelins sans appui ! Ils sont là les êtres malheureux, calomniés, haïs, abandonnés, méprisés de tous ! C'est donc l'heure de raviver dans nos âmes et dans nos cœurs les généreux sentiments de la Bonté ! C'est donc l'heure de nous dévouer, de nous donner ! Oui, donnons nos yeux et regardons avec compassion les misères qui nous entourent ; cherchons surtout les misères qui se cachent et qui, pour demeurer ignorées, n'en sont que plus pénibles et plus dignes de pitié ! Donnons nos oreilles et écoutons avec patience les plaintes et les gémissements des malheureux ! Donnons nos lèvres et disons de ces paroles, inspirées par la foi, qui consolent et réconfortent ! Donnons nos mains, pour le geste qui appelle, qui accueille et qui retient, pour le travail qui apporte un secours efficace à ceux qui ploient sous le fardeau ! Donnons notre cœur pour que les pauvres affligés trouvent en nous les amis qu'ils cherchent dans leur détresse, pour que notre dévouement à l'égard de tous soit complet, généreux et désintéressé ! Donnons, oui, donnons tout ce que nous avons, tout ce que nous sommes, car c'est l'heure de nous montrer, à l'exemple de notre sainte compatriote, *tendres comme des mères* !

***

Priez, mes Frères, priez en ces jours bénis du « Triduum », demandez à Dieu par l'intermédiaire de Sainte Marie-Madeleine Postel, les deux vertus qui s'appellent et se complètent : la force et la bonté. Pour acquérir et conserver ces vertus, votre action personnelle est indispensable sans doute ; mais, si énergique soit-elle, elle ne saurait être fructueuse et féconde sans la grâce divine. Oui,c'est cette divine grâce qui seule peut vous arracher à vos faiblesses et à vos égoïsmes ; c'est cette divine grâce qui seule peut faire de vous des âmes intrépides, à l'abri de tous les découragements ; c'est cette divine grâce enfin qui seule peut mettre en vos cœurs des trésors de tendresse, de miséricorde et de bonté et vous rendre forts comme le diamant, tendres comme des mères !

Amen !

PANÉGYRIQUE

DE

Sainte Marie-Madeleine POSTEL

prononcé dans l'Eglise de Barfleur, le Dimanche 8 Août 1926

par le R. P. Le Marchand, de l'Ordre des Frères-Prêcheurs

Messeigneurs,
Révérendissime Père,
Mes Frères,

Toutes les auréoles qui brillent au front des Saints sont belles et dignes d'admiration. Belle et admirable, l'auréole de la foi qui brille au front des Confesseurs et des Docteurs ! Belle et admirable, l'auréole de la charité qui brille au front des grands Bienfaiteurs de l'humanité se penchant sur toutes les misères pour les soulager ! Belle et bienfaisante la force d'âme, la prudence, la mortification, la piété, la pureté des saints prêtres et des saints Pontifes !

Cependant, mes Frères, d'après l'enseignement de St Thomas d'Aquin, il est une vertu, il est une auréole qui l'emporte sur toutes les autres ; elle mérite plus que toutes les éloges et glorifie davantage ceux qui la possèdent : c'est l'auréole de l'**Apostolat.**

Or, Mes Frères, dans la magnifique assemblée des Saints de Dieu,Sainte Marie-Madeleine Postel apparaît apôtre à l'égal des plus grands. C'est ce que je voudrais vous montrer ce soir,pour sa gloire et pour notre profit. Il me suffira de vous rappeler comment elle a pratiqué sur la terre les quatre grands devoirs de l'apôtre, qui s'appellent : *L'instruction chrétienne du peuple ; L'exemple de la Sainteté ; La prière incessante ; La souffrance volontaire.*

Permettez-moi, Messeigneurs et Révérendissime Père, de commencer sans plus tarder le développement de ces salutaires pensées. Aussi bien ceux qui vous connaissent, qui ont lu vos écrits, entendu vos paroles et contemplé vos vies si pleines savent que nos Evêques Normands se montrent, comme leur sainte compatriote, embrasés de la flamme sacrée de l'Apostolat.

I

Le premier devoir de l'apôtre, c'est de semer dans l'âme du peuple la vérité chrétienne. En effet, pour sauver les individus comme les sociétés, pour les arracher à leurs passions, à leur égoïsme, à leur faiblesse, à leur sensualité, il est indispensable de les convaincre d'abord que cette vie n'est pas tout, qu'il y a au-dessus de nous un Dieu qui nous a créés, qui veille constamment sur nous, qui nous aime, mais qui nous demandera compte un jour de la gestion des biens temporels et spirituels qu'il nous prodigue. Il est indispensable de rappeler aux hommes qu'une seule voie conduit à ce Dieu qui est notre dernière fin : c'est la voie de la justice, de la charité, du travail, de l'abnégation, du sacrifice.

Or, seule la vérité religieuse, la vérité chrétienne donne au monde ces convictions. Ah ! certes, je n'ignore pas que la science humaine est une grande chose. Elle peut nous révéler les secrets de la nature et les lois de la matière. Elle sera même une source féconde de progrès : grâce à elle les arts se développeront, le bien-être deviendra plus grand. les éléments de succès dans les diverses entreprises plus nombreux et plus efficaces ; en un mot, grâce à la science humaine, on pourra conquérir un certain bonheur extérieur. Mais cette vérité naturelle ne peut rien dès qu'il s'agit d'élever l'homme dans ces régions sublimes qui s'appellent : l'amour de Dieu, la vertu, le salut éternel de l'âme. On dirait même — et n'est-ce pas ce que nous voyons aujourd'hui ? — que plus ces connaissances humaines se développent et plus aussi la morale diminue et tend à disparaître.

La vérité religieuse au contraire apporte à l'homme la lumière bienfaisante qui l'élève et le sanctifie.

Elle nous montre Dieu, non pas seulement comme un Etre lointain, inaccessible, comme une Cause première, une puissance qui plane sur le monde, mais comme un Père qui nous aime, qui se penche sur nous pour nous offrir le secours dont nous avons besoin au milieu des vicissitudes de la vie ; un Père qui nous parle pour nous encourager dans la lutte. qui nous promet d'éternelles récompenses si nous sommes vainqueurs, mais dont la justice nous imposera d'éternels châtiments si nous sommes infidèles ; un Père qui envoie sur la terre son Fils unique, Dieu comme lui, pour nous racheter de l'esclavage du péché... et Jésus-Christ, l'Homme-Dieu, se fait petit enfant et naît dans une misérable étable par amour pour les hommes — il gagne son pain à la sueur de son front dans l'atelier de

Nazareth, par amour pour les hommes — il parle, il répand les bienfaits, il accomplit d'éclatants miracles, par amour pour les hommes — il subit l'agonie au jardin de Gethsémani, la flagellation au prétoire, le crucifiement au Calvaire, par amour pour les hommes ! Voilà ce que nous dit la vérité religieuse ! Elle nous rappelle encore que nous avons une âme intelligente et libre, une âme immortelle dont il faut à tout prix assurer le salut, par la pratique des vertus individuelles, familiales et sociales.

Parce qu'ils en comprenaient toute l'importance, toute la nécessité, les vrais Apôtres, à commencer par le Christ-Jésus, ont eu la passion de répandre cette vérité et d'enseigner la parole de Dieu.

Sainte Marie-Madeleine Postel fut de ces apôtres, ardents et convaincus. Jugez plutôt : Enseigner la vérité religieuse, c'est prendre l'Evangile, le livre divin qui renferme tous les dogmes de la Foi ; c'est le lire, en faire le commentaire et présenter à ses auditeurs la divine figure de Jésus ; c'est ce qu'on appelle, dans le langage courant, faire le catéchisme... Dès qu'elle peut lire, Julie Postel étudia l'Evangile et les écrits des Pères de l'Eglise, elle se pénétrait, s'imprégnait pour ainsi dire de cette sublime doctrine, non pas tant pour y trouver une satisfaction personnelle que pour être mieux en mesure de faire connaître autour d'elle ces divins enseignements. Sans doute, elle ne prêchait pas comme font les prédicateurs qui s'adressent dans nos églises à des gens venus précisément pour les entendre ; mais sa manière était meilleure et plus efficace.

Comme St François d'Assise, elle arrêtait les petits enfants au bord du chemin, sur le rivage, en face de l'Océan qui proclame avec tant d'éloquence la Majesté, la Puissance du Créateur ; elle leur faisait réciter des formules de prière ; elle leur apprenait le Catéchisme ; elle leur expliquait les Paraboles de l'Evangile. Elle était heureuse de visiter les malades et leur portait, avec quelque aliment ou gâterie, un gai sourire et une parole réconfortante. Elle ne craignait pas de s'adresser aux mécréants eux-mêmes : n'a-t-elle pas arrêté les duellistes qui déjà avaient commencé le combat, et ses observations, dictées par son grand esprit de foi, n'ont-elles pas réconcilié ces hommes prêts à s'entretuer ?

Mais c'est surtout dans sa propre demeure, convertie en salle de classe, que Julie Postel enseigne la vérité. Elle comprend l'absolue nécessité de l'Ecole chrétienne ; elle groupe les enfants, leur apprend, comme dans toutes les écoles, la lecture, l'écriture et le calcul, mais encore, mais surtout elle leur parle de Dieu, des mystères de notre sainte religion et leur recommande de pratiquer les vertus propres à leur âge, façonnant ces jeunes âmes et préparant ainsi, pour le bonheur de toute une contrée, des chrétiens fervents et fidèles.

Aussi son influence était grande et profonde dans le Val-de-Saire, puis à Cherbourg, à Tamerville, à Valognes, à Saint-Sauveur-le-Vicomte, dans tous ces lieux où elle jetait à pleines mains la divine semence.

« *A semailles bénies, moissons bénies !* »

Mes Frères, la loi est toujours la même : En face d'une France et d'un monde qui semblent désaxés, qui ne connaissent plus d'autre morale que l'intérêt et le plaisir, les conducteurs de peuples se demandant quel remède appliquer. Ils construisent des palais scolaires, établissent des syndicats, fondent des associations, et, leurs louables efforts n'obtiennent pas les résultats qu'ils en espéraient. Qu'ils viennent donc s'instruire auprès de notre chère Sainte et apprendre d'elle que la seule doctrine qui sauve est la doctrine de Celui qui a dit : « Je suis la voie, la vérité, la vie ! ». Il faut à tout prix revenir à l'Evangile et au Catéchisme.

Vous du moins, parents chrétiens, qui voulez exercer une influence salutaire sur les enfants que Dieu vous a donnés, apprenez-leur très-tôt les vérités essentielles de notre Sainte Religion, et quand vient l'heure de choisir pour eux des maîtres et maîtresses qui vous suppléent dans le grand travail de l'éducation, souvenez-vous que l'école sans Dieu est souvent l'école contre Dieu et faites respecter l'âme de vos enfants par ceux qui acceptent la charge de les instruire. Soyez prêts à tous les sacrifices pour assurer à leurs jeunes intelligences la vérité religieuse et divine.

Catholiques de toute condition, qui voulez travailler au relèvement de la Patrie, laissez là vos discussions vaines et inutiles, ensemble, dans la plus parfaite union, enseignez la doctrine de Jésus ; avec ardeur, avec passion livrez-vous à l'instruction chrétienne du peuple ; c'est le premier devoir de l'Apôtre ! — Le deuxième devoir, c'est de donner *l'exemple d'une vie sainte.*

II

Les hommes sont ainsi faits que la parole de Dieu ne peut les convaincre, les entraîner au bien que si la vie de celui qui leur parle est conforme à son enseignement.

Si par malheur un maître ne fait pas ce qu'il dit, quand bien même il serait le plus éloquent des maîtres, possédant tous les talents, habile à présenter sa doctrine dans le plus merveilleux langage, ses élèves, ses auditeurs seront tentés de penser que son enseignement est faux ou tout au moins qu'il y a lieu de ne pas s'inquiéter, dans la pratique, des conseils qu'il donne.

Quand, au contraire, les Maîtres, les Prédicateurs accomplissent avec perfection ce qu'ils prêchent, les moins éloquents, les plus simples obtiennent un plein succès auprès de leurs auditeurs. Leur enseignement pénètre dans les masses et les entraîne vers les plus hauts sommets de la vie morale ; et c'est pourquoi Jésus-Christ, le Maître des Apôtres, a voulu apparaître aux hommes comme l'incarnation de toutes les vertus qu'il prêchait : « *cœpit facere et docere* ».

A l'exemple de ce divin Maître, Sainte Marie-Madeleine Postel a donné, partout où elle a passé, l'exemple le plus parfait de toutes les vertus qu'elle enseignait au peuple de son temps.

Un mot, un seul, résume son admirable vie et nous apporte en même temps la preuve qu'elle était un modèle : c'était une *Sainte !*

C'était une Sainte — et donc, lorsqu'elle enseignait à tous de ne chercher que les biens éternels et de mettre en Dieu seul leur confiance, elle-même n'aspirait qu'au Ciel et s'appuyai- sur la divine Providence avec une telle assurance qu'elle s'avançait dans la vie sans crainte ni inquiétude.

C'était une Sainte — et donc, lorsqu'elle recommandait la pratique des vertus chrétiennes, de la prudence, de la justice, de la douceur, de l'humilité, de l'amour de Dieu, elle aurait pu reprendre le mot de l'Apôtre : « Soyez mes imitateurs comme je le suis du Christ ! »

C'était une Sainte — et donc, lorsqu'elle imposait à ses religieuses les vœux de pauvreté, de chasteté et d'obéissance, elle pratiquait elle-même, au degré le plus héroïque, tous les détachements, toutes les délicatesses de la Belle Vertu, tous les sacrifices de l'obéissance.

Quelle leçon encore pour tous les éducateurs, pour tous les Maîtres, pour tous les prêcheurs que nous devons être ! Car, mes Frères, en face de tant de paroles, si belles, si éloquentes, si surnaturelles même, et qui cependant ne portent pas de fruit, est-ce que beaucoup ne doivent pas se frapper la poitrine et reconnaître qu'ils sont, en partie du moins, responsables de leur échec ? Ils n'ont pas donné, peut-être, l'exemple d'une vie conforme à leur langage et à leur enseignement ! Par leurs défauts, leurs vices, ils ont détruit l'effet des bons conseils et des encouragements qu'ils donnaient du bout des lèvres !

Pour nous, mes Frères, qui voulons exercer sur notre famille, sur notre cité, sur notre patrie, une influence efficace, n'oublions jamais que l'Apôtre, sous peine de stérilité, doit, comme Sainte Marie-Madeleine, ajouter à sa parole l'exemple d'une vie sainte : c'est la deuxième loi de l'Apostolat ! La troisième, c'est *la prière !*

III

Pour sauver les âmes, pour les arracher à l'emprise de la nature, pour les élever au-dessus de tout ce qui est vil et méprisable, jusqu'à Dieu, l'action humaine, si profonde qu'elle soit, ne saurait suffire. Il y faut encore l'aide mystérieuse, mais bien réelle, qui descend du Ciel et que nous appelons la grâce de Dieu. Si les hommes en effet peuvent parler le langage qui éclaire, s'ils peuvent donner l'exemple qui dispose les cœurs, Dieu seul peut ébranler la volonté, la déterminer à croire des vérités incompréhensibles et à pratiquer des lois qui heurtent toutes nos aspirations humaines.

Or, mes Frères, la prière est le grand moyen de faire descendre dans le cœur de l'homme le secours divin : le témoignage de l'Evangile sur ce point est des plus précis. C'est pourquoi, quiconque veut travailler au salut des âmes doit prier. Nous avons l'exemple de Notre-Seigneur Jésus-Christ lui-même. Si, pendant la journée, il s'adressait aux foules pour leur enseigner sa sublime doctrine, il se livrait à la prière pendant les heures de la nuit et invoquait son Père dans la solitude et le recueillement: « *Et erat pernoctans in oratione Dei.* » (Luc VI, 12). Nous avons l'exemple des apôtres qui affirment eux-mêmes la nécessité, pour le succès de leur apostolat, de joindre l'oraison à la prédication : « *Orationi et ministerio verbi instantes erimus* ». (Act. VI, 4). Nous avons, mes Frères, l'exemple de Sainte Marie-Madeleine Postel; elle fut, on peut le dire, une passionnée de la prière. Non seulement elle disait les formules familières à tous les chrétiens, mais ses oraisons se multipliaient et, chaque jour, elle récitait le Bréviaire des prêtres, cette grande et sublime prière, dont les accents, empruntés au texte sacré, spécialement au Livre des Psaumes, expriment si bien les sentiments que nous devons professer à l'égard de la divinité : profonds hommages et pleine confiance.

Prier, c'est élever son âme à Dieu, implorer son secours surtout à l'heure du péril et de la tentation, répéter le cri des apôtres dont la barque va sombrer : « *Salva nos, Domine, perimus !* Sauvez-nous, Seigneur, nous périssons ! » Quand Julie Postel apprend qu'un duel va avoir lieu dans le champ de la Forgette, elle tombe à genoux et obtient la réconciliation de ces farouches adversaires. Quand on vient lui dire que son père va mourir, victime d'un accident, elle tombe à genoux et obtient, pour ce père tant aimé, la visite d'un prêtre qui le console et le prépare à paraître devant Dieu : on était pourtant à l'époque où les prêtres étaient proscrits.

Lorsque la tempête, en une seule nuit, détruit le travail de tant de mois et renverse le clocher de son église, elle tombe à genoux et s'écrie : « Dieu soit béni ! » et quand elle est assurée que la perte n'est que matérielle, elle fait chanter le « Te Deum ! »

La grande prière est le Saint Sacrifice de l'autel. Nous savons que rien ne pouvait arrêter notre sainte quand il s'agissait d'assister à la messe. Dans ce but, elle se rendait tous les jours à l'église ; il arriva même que, pour récompenser sa foi, Dieu lui fit plusieurs fois franchir miraculeusement l'obstacle qui se dressait devant elle par le débordement de la mer. Pendant la Révolution, elle reçoit chez elle les prêtres insermentés qui viennent célébrer les saints mystères. Elle n'ignore pas que si elle est découverte, les plus terribles châtiments l'attendent. Mais, bien loin de l'effrayer, une telle perspective la comble de joie, car elle a soif du martyre ! Elle a plus de quatre-vingts ans qu'elle parle encore avec enthousiasme de ces cérémonies nocturnes : « Ah ! les belles messes de minuit qu'on célébrait alors, s'écrie-t-elle ; comme notre ferveur était grande ! Comme les premiers chrétiens, nous étions constamment sous la hache du bourreau, et, comme eux, nous puisions un invincible courage dans la fréquente réception de la Sainte-Eucharistie ! »

La Messe ! C'était pour elle un besoin et nulle part ailleurs qu'au pied des autels elle n'éprouvait joie plus vive, bonheur plus complet. A l'abbaye de Saint-Sauveur, elle entend jusqu'à cinq messes de suite, à genoux à la même place, sans remuer, comme immobilisée dans l'extase ! Souvent, en effet, son âme s'élance vers Dieu avec une telle ardeur que son corps la suit et, soulevé de terre, apparaît tout auréolé d'une gloire céleste. Ce phénomène, preuve d'une éminente sainteté, se produisit et dans son oratoire de « La Bretonne », et dans l'église des Augustins, et dans son humble cellule de l'Abbaye...

Que se passait-il, entre elle et Dieu, nous ne le saurons jamais. Mais nous avons bien le droit de penser que c'est là, dans ces colloques intimes, qu'elle demandait à Dieu les grâces qui ont fait son apostolat si particulièrement fécond.

Mais nous avons aussi le devoir de nous demander si nous pratiquons nous-mêmes cette grande loi de la prière. Si oui, nous pouvons espérer que nos efforts seront bénis de Dieu et que nos familles et notre Patrie ne tarderont pas à redevenir chrétiennes. Si, au contraire, nous ne savons pas nous mettre à genoux, si nous n'avons pas le courage d'assister à la messe, au moins chaque dimanche, plus souvent, même tous les jours si c'est possible, nous aurons beau nous montrer des hommes d'action, il y a tout lieu de craindre que cette action restera vaine et inutile. Car, selon la parole d'un grand évêque — que Sainte Marie-Madeleine mit en pratique avant la lettre — « s'il est nécessaire d'être debout pour l'Action, il l'est plus encore d'être à genoux pour la Prière ! » Troisième loi de l'apostolat ! La quatrième, c'est *la souffrance !*

IV

Ce qui achève de sauver les âmes, de leur obtenir la lumière et la rédemption, c'est le sacrifice. « *Si immolor supra sacrificium, et obsequium fidei vestræ, gaudeo* », disait l'apôtre. « Je me réjouis, si, pour assurer votre persévérance dans la foi, je dois m'offrir en victime ! » (Phil. II, 17).

Saint Thomas d'Aquin déclare formellement : « *Causa redemptionts, Passio Christi !* » Sans doute le langage de Notre-Seigneur est sublime et sa prédication efficace ; les foules accourent pour l'entendre, car « jamais homme n'a parlé comme cet homme ! » Mais ce n'est là qu'un prélude, un commencement ; c'est la Passion qui doit assurer la Rédemption du monde !

Sans doute, il doit être écouté et suivi Celui qui ose jeter à la face de ses ennemis ce défi que personne ne relève : « *Quis ex vobis arguet me de peccato ?* », «Qui de vous me convaincra de péché ?». Celui qui ne craint pas de dire : « *Sancti estote sicut et ego sanctus sum !* », « Soyez saints comme moi-même je suis saint ! » Mais toutes ces vertus que Jésus pratique, ces exemples qu'Il donne, tout cela n'est qu'un prélude, un commencement ; c'est la Passion qui doit assurer la Rédemption du monde !

Sans doute, il est puissant Celui qui s'appuie sur son Père céleste, qui implore le secours d'En-Haut avant d'accomplir les plus grandes merveilles, Celui qui, sur le point de ressusciter Lazare, s'écrie : « Je sais bien, ô mon Père, que toujours vous écoutez ma prière, mais, à cause de ce peuple qui m'entoure, rendez efficace ma parole afin qu'ils croient que vous m'avez envoyé ! » (Saint Jean XI, 42). Mais cette ardente prière n'est qu'un prélude, un commencement ; c'est la Passion qui doit assurer la Rédemption du monde !

Et c'est pourquoi Jésus a souffert ; c'est pourquoi il a voulu la misère de Bethléem, les privations de l'exil, le travail de Nazareth, les fatigues de l'Apostolat, l'agonie de Gethsémani, la flagellation du prétoire, le crucifiement du Calvaire : « *Causa redemptionis, Passio Christi !* »

Or, le divin Maître l'a déclaré : « Si quelqu'un veut venir après moi, qu'il se renonce lui-même et porte sa croix ! » Ecoutant cet appel, Sainte Marie-Madeleine Postel, nous pouvons le dire encore, fut une passionnée de la souffrance.

Je vous ai dit hier quelques-unes des épreuves si cruelles qu'elle a rencontrées, qu'elle a acceptées, qu'elle a aimées, dans la longue voie douloureuse qu'elle suivit, depuis Barfleur jusqu'à l'abbaye de Saint-Sauveur. Je n'y reviendrai pas.

Ce que je ne vous ai pas dit, c'est que notre Sainte, non contente d'accepter, pour le bien des âmes, les croix qu'elle n'avait pas cherchées, a désiré souffrir davantage, au point de répéter : « Encore, encore... Seigneur ! Viens, Croix, que je t'embrasse !... »

Ce que je ne vous ai pas dit, c'est que, pendant toute sa vie, elle a martyrisé son corps par les jeûnes, les disciplines, les haires, les cilices, les pointes de fer ; elle a torturé son cœur, en s'imposant les renoncements qui brisent.

Elle aime sa famille, ses frères et ses sœurs, elle les quitte pour ne plus s'occuper que de la famille religieuse qu'elle veut établir. Elle aime Barfleur, sa petite Patrie, où elle est née, où elle a vécu pendant quarante-neuf ans, où elle a tant prié, tant travaillé, tant souffert; elle prend le chemin de Cherbourg, en promettant à Dieu, par esprit de sacrifice, de ne plus revoir ses chers compatriotes.

Elle aime les élèves accourues par centaines à l'école qu'elle a fondée à Cherbourg — mais quand on signale le retour des religieuses de la Providence, elle abandonne à ces éducatrices le fruit de ses propres travaux !...

Et je pourrais ainsi poursuivre longtemps et vous faire admirer une abnégation qui va jusqu'à l'héroïsme !

Que personne donc, mes Frères, ne s'étonne plus de l'influence si profonde exercée par notre Sainte sur le peuple de son temps. C'est par sa passion que Jésus-Christ a racheté le monde ; unissant son sacrifice à celui du Sauveur, c'est par la souffrance que Julie Postel a sauvé les âmes !

La loi est toujours la même, ne l'oublions pas, mes Frères, et si nous voulons exercer parmi nos frères un fécond apostolat, à la parole, à l'exemple, à la prière, joignons le sacrifice !

*
* *

Maintenant, mes Frères, je ne puis que répéter le mot que notre Bonne Mère adressait sans cesse à ses filles : « *Travaillons !* »

Travaillons, de toute notre énergie, à répandre la vérité.

Travaillons, sans respect humain, à entraîner les autres à notre suite dans le voie de la vertu.

Travaillons, par notre prière incessante, à nous assurer le secours indispensable de Dieu.

Travaillons au grand œuvre de la souffrance, et répétons après le grand Apôtre : « Je me réjouis dans les maux que j'endure ; j'accomplis dans ma chair ce qui reste à souffrir à Jésus-Christ, en souffrant moi-même pour la formation de son corps qui est l'Eglise ! » (Col. I. 24).

Travaillons partout, toujours, — dans notre famille et dans nos paroisses ! — Travaillons pour la France, afin que, par notre action dans le cercle où s'exerce notre influence, elle soit chrétienne, et partant, glorieuse et prospère !

Travaillons tant et si bien que nous méritions un jour de nous retrouver tous aux côtés de notre chère compatriote, dans la grande Patrie.

Amen

Discours de M. le Maire de Barfleur

A LA RÉCEPTION OFFICIELLE

de

S. G. Monseigneur LOUVARD, Evêque de Coutances et Avranches

Vendredi 6 Août 1926

MONSEIGNEUR,

C'est un honneur, c'est une joie pour le Maire de Barfleur de saluer aujourd'hui avec respect l'éminent Evêque du Diocèse de Coutances. M. l'adjoint, MM. les Membres du Conseil municipal, les Œuvres et Organisations catholiques de la paroisse, la population entière vous présentent, par mon intermédiaire, leurs profonds hommages et vous disent : « Béni soit Celui qui vient au nom du Seigneur ! »

Jadis les échevins offraient aux personnages de marque qu'ils recevaient les clefs de leur ville. Comme eux, je vous invite, Monseigneur, à entrer avec confiance dans notre modeste cité. Vous y serez accueilli par les acclamations de tout un peuple heureux de vous posséder — d'autant plus heureux que Votre Grandeur vient célébrer avec nous la gloire de la Sainte de Barfleur.

Ici — permettez-moi de le rappeler, c'est notre grande fierté ! — Julie Postel naissait le 28 novembre 1756 : elle est notre compatriote ! Ici, pendant la grande Révolution, elle exerça un ministère quasi-sacerdotal et gagna, au péril de sa vie, le titre de « Vierge-Prêtre ». Ici, elle se dévoua à l'instruction de l'enfance et de la jeunesse, manifestant les qualités de la parfaite éducatrice. Ici, elle pratiqua, dès ses plus tendres années et pendant un demi-siècle, les héroïques vertus qui lui ont valu les honneurs de la Canonisation.

Dans une magnifique Lettre Pastorale, — dont les fidèles de Barfleur entendirent la lecture avec un vif intérêt et une profonde émotion, — vous avez redit vous-même, Monseigneur, la bienfaisante action de notre Sainte.

« S'il est vrai, écriviez-vous, selon la parole du cardinal » Perraud, que « ce qui est à l'égard du peuple le crime vrai-

» ment inexpiable, c'est de le tromper, d'exploiter sa misère et
» son ignorance, enfin et surtout de tuer son âme et de lui
» arracher Dieu », quel ne fut pas le bienfait procuré par Julie
» Postel à ses compatriotes ! et qui mesurera le rayon et la
» durée de son influence ? Longtemps après sa mort on remar-
» quait encore ses élèves « pour bien tenir leur maison et élever
» chrétiennement et intelligemment leurs enfants ». « Qui a
» contribué, autant que Julie Postel, écrivait Monseigneur
» Delamare, à perpétuer dans le religieux pays du Val-de-Saire,
» ce beau type de familles patriarcales qu'on y admire encore ! »

Plus que tout autre, un Evêque, qui fut dans le passé un éminent éducateur, était en mesure d'apprécier la pieuse institutrice de Barfleur et de la faire connaître au monde entier. Nous savons en effet qu'une amitié respectueuse, avertie et fidèle, supprimant pour votre lettre pastorale les frontières de la France, et même de l'Europe, porta jusqu'aux extrémités de l'univers catholique le renom de Sainte Marie-Madeleine Postel, et redit à tous sa merveilleuse histoire. De la sorte, suivant l'expression de notre cher et vénéré pasteur, « notre humble paroisse est devenue tout à coup célèbre, grâce à la glorification d'une de ses enfants ». De cette célébrité nous vous sommes en partie redevables, Monseigneur, et vous avez droit à notre vive et profonde gratitude. Daignez en agréer aujourd'hui la respectueuse et bien sincère expression !

En souvenir de cette action particulièrement bienfaisante de Julie Postel auprès de nos aïeux ; conscient du grand honneur qui rejaillit aujourd'hui sur notre ville, le Conseil municipal a décidé, à l'unanimité dans sa séance du 21 mars 1926, de donner le nom de « Julie Postel » à la rue ou naquit notre Sainte. En outre, à l'endroit même ou s'élevait naguère sa maison natale, une plaque est posée, afin que soient renseignés, sur cet événement que nous considérons de la plus haute importance, les nombreux étrangers qui viennent visiter notre région. Votre Grandeur voudra bien — nous l'en prions — inaugurer cette rue et bénir cette plaque commémorative.

En suivant le chemin tant de fois parcouru par Julie Postel, puissent les habitants de Barfleur, ses compatriotes, marcher vraiment sur ses traces, et pratiquer, à son exemple, les uns envers les autres, l'abnégation et le dévouement, vertus religieuses et sociales, génératrices, pour la cité, de bonheur et de prospérité !

Auguste LEMONNIER,
Maire de Barfleur

TOAST

prononcé par M. le Curé de Barfleur

au Déjeuner du Dimanche 8 Août 1926

Monseigneur,

Complimentant Monseigneur Germain, de passage à Fermanville, une femme du peuple, poète à ses heures, s'exprimait ainsi :

« *Pour épancher notre âme au gré de notre envie,*
« *Nous voudrions, Seigneur, en ce beau jour,*
« *Avoir la bouche d'or du prophète Isaïe...*
« *Si ce beau don, hélas ! n'est point notre partage,*
« *Les larmes de nos yeux vous rendent témoignage*
« *De notre reconnaissance et de notre amour !...* »

Le Curé de Barfleur ne saurait se contenter de ces larmes, si expressives soient-elles, et, bien qu'il ne possède pas — il s'en faut ! — la bouche d'or du Prophète, il doit parler aujourd'hui pour exprimer, en son nom personnel et au nom de ses paroissiens, l'allégresse et la gratitude qui débordent des cœurs.

Comment ne serions-nous pas fiers et heureux de posséder, pour le plus grand éclat de nos fêtes, le prestige de votre présence, Monseigneur, et le charme de votre exquise bienveillance. Cette « bonté souriante », que soulignait naguère avec à propos Monseigneur l'Archevêque de Rouen, nous l'avons éprouvée maintes fois déjà, et en daignant présider nos solennités, vous en donnez un nouveau témoignage, dont les paroissiens de Barfleur et leur Curé sont les heureux bénéficiaires. Aussi, après avoir présenté nos hommages au Pontife, après avoir promis fidèle soumission au Chef, souffrez, Monseigneur, que nous nous disions maintenant au Père filiale et sincère affection, vive et profonde reconnaissance !

Une bonté, faite de condescendance et de délicatesse, n'est-elle pas aussi votre apanage, Monseigneur de Bayeux ? Quelqu'un qui vous connaît bien — et que je suis tout heureux de saluer aujourd'hui à vos côtés — le proclamait à Port-en-Bessin, en la mémorable journée du 10 Août 1924. Au surplus il me fut donné de l'expérimenter moi-même, et je ne puis oublier l'accueil si empressé, si bienveillant, j'allais dire si cordial, que vous avez daigné faire, en cette circonstance, aux délégués des « Gens de Mer » de Barfleur et à leur Aumônier. Nos marins vous connaissent, Monseigneur, ils savent que, par droit de naissance et par droit de conquête, vous méritez le titre, qu'on se plaît à vous donner, d' « Evêque des Marins ». Je suis donc leur interprète en vous disant notre profonde vénération et notre respectueuse gratitude.

Si mes renseignements sont exacts, aujourd'hui même vous célébrez le vingtième anniversaire de votre Consécration épiscopale. Quelle excellente occasion — et je la saisis avec grande joie — de vous adresser nos vœux les plus ardents : « *Ad multos annos.* »

« *Ad multos annos !...* » Cette acclamation retentissait sous les voûtes de l'église Notre-Dame du Vœu, à Cherbourg, le 17 avril 1918. C'était au jour de votre sacre, Monseigneur du Mans. Vous veniez d'être élevé au rang des Pontifes ; enfants, prêtres et fidèles se pressaient, avides de vous présenter leurs respectueuses félicitations et de recevoir vos premières bénédictions. Et vous, Monseigneur, avec cette grâce et cette délicatesse qui vous sont familières, vous paraissiez dire à tous : « La haute dignité dont je suis revêtu ne m'écarte pas de vous. Les amis du Supérieur de l'Institut Saint-Paul demeurent les amis de l'Evêque du Mans... »

Le 2 avril 1925, Robert de Flers disait à M. Estaunié, qu'il recevait à l'Académie Française : « Le bruit de l'heure qui s'écoule, Monsieur, ne vous empêche pas d'entendre les voix familières du passé ! »

On vante à l'envi — et c'est justice ! — « les œuvres sorties de la plume d'or de l'Episcopat français » ; — œuvres où l'on remarque la « concision de la pensée, qui ne nuit pas à l'éloquence et qu'enveloppe la majesté du style ». Mais ces louanges, auxquelles nous souscrivons — de quel cœur, vous le devinez, Monseigneur ! — ne vous font pas oublier les relations d'antan, et c'est notre joie et notre fierté de le constater. Aussi, je crois pouvoir dire que le souvenir de ce passé, joint à votre tendre dévotion envers la sainte de Barfleur, nous vaut l'honneur si apprécié de votre présence. Pour cette nouvelle délicatesse, qui s'ajoute à tant d'autres, soyez, Monseigneur, vivement remercié !... Non moins grande est notre reconnaissance à l'égard de votre éminent compatriote.

« C'est avec empressement — vous avez daigné me l'écrire, Monseigneur de Séez — que vous êtes venu honorer, dans sa paroisse natale, la sainte qu'ensemble nous eûmes, l'an dernier, la joie de prier pour la première fois dans la Basilique Vaticane». Que notre « Vierge-Prêtre » bénisse votre futur Episcopat ! — Hier à Saint-Sauveur, aujourd'hui à Barfleur, vous l'avez placé sous son égide. Grâce à cette puissante protection, grâce aussi aux brillantes qualités de l'esprit et du cœur qui sont les vôtres, sous votre houlette pastorale, les brebis du troupeau ne sauraient périr. Votre unique soin ne sera-t-il pas d'assurer leur salut — « *una cura salus gregis !* »

L'Introït de la messe en l'honneur de Sainte Marie-Madeleine évoque l'amour du sacrifice, base de toute vie chrétienne, source de toute véritable gloire. Celle qui tant se mortifia nous dit elle-même, après le grand apôtre : « *Mihi absit gloriari nisi in cruce Domini nostri Jesu Christi !...* » « *In cruce vita* ! », déclarez-vous à votre tour, mon Révérend Père...

Pour exprimer sa complète soumission à la volonté divine, notre Sainte avait un mot, qui était sa devise, son programme : « A l'abandon ! » Et vous, mon Révérend Père, vous nous avez enseigné « le Saint Abandon » avec une maîtrise que seul peut posséder un auteur qui le pratique...

Voilà certes, d'édifiantes similitudes ! Il y en a d'autres... mais vous ne me permettriez pas de poursuivre... Je me contenterai donc de vous dire la joie très vive qu'éprouve un enfant de Bricquebec à s'incliner, avec profonde vénération, devant Celui qui préside aux destinées d'un Monastère, sauvegarde et providence de la région...

En feuilletant récemment les Actes du Concile de Trente, j'y ai relevé, au compte rendu de la session XXIVe, la définition des Vicaires Généraux : « Cette dignité, disent les Pères du « Concile ayant été constituée pour conserver et faire fleurir la « discipline ecclésiastique, ne doit être confiée qu'à des hommes « distingués par la piété, à des hommes qui puissent servir de « modèles aux autres et d'auxiliaires à l'Evêque par le concert « de leurs travaux et de leurs bons offices ».

En choisissant Mgr Quirié, vous fûtes, Monseigneur de Bayeux, fidèle observateur des règles canoniques. Il vous sera aisé de vous y soumettre, Monseigneur de Séez. En adoptant les collaborateurs de votre vénéré prédécesseur, Monseigneur de Coutances, vous pouviez comme lui répéter : « *Scio cui credidi !* »

Nous savions aussi en qui nous mettions notre confiance, lorsque nous avons prié M. l'Archiprêtre de Mortain de prendre la parole au premier jour du « Triduum ». Ce fut pour M. le chanoine de Chivré — qu'on aimerait voir à cette table aujourd'hui — une occasion de nous faire admirer sa belle éloquence et de manifester son aimable dévouement.

En écoutant hier le R. P. Le Marchand chanter les louanges de son illustre compatriote, le mot de Chateaubriand me revenait à la mémoire; il en sera ainsi encore aujourd'hui. « La parole des Docteurs de l'Eglise, écrit l'auteur du Génie du Christianisme, a quelque chose d'imposant, de fort, de royal pour ainsi parler, et dont l'autorité vous confond et vous subjugue. « A ces dons de l'esprit vous ajoutez, mon Père, les généreux élans du cœur. A vous donc, avec mes respectueux compliments, un sincère et chaleureux merci !

Merci à toute cette assemblée d'élite qui a voulu s'associer à la joie des paroissiens de Barfleur et de leur curé, aux dignitaires ecclésiastiques qui forment, autour des distingués représentants de l'Episcopat, une escorte d'honneur; à M. le Maire et à M. l'Adjoint, dont la présence ici prouve qu'à Barfleur l'union est complète entre les autorités civiles et religieuses ; aux artistes qui, dans l'exécution des chants, dans la splendeur des cérémonies, dans la décoration de l'église, dans l'ornementation des rues, dans l'organisation générale de nos fêtes,ont fait valoir leurs merveilleux talents, mis au service du plus complet dévouement !...

Monseigneur,

Nos marins de Barfleur ont une devise particulièrement expressive dans sa brièveté « *Spes et robur !* » Cette devise n'est pas lettre morte, elle exprime une réalité : jamais un matelot n'est désemparé et à l'heure du péril tous savent être braves jusqu'à l'héroïsme, avec sang-froid et simplicité.

« *Spes et robur !* » C'était la devise de la Sainte Barfleuraise : en face des plus cruelles épreuves, elle répétait : « C'est pour notre bonheur que cette adversité nous est arrivée... Merci, mon Dieu ! » Elle était forte aussi et courageuse, la noble femme qui répliquait à ceux qui la pressaient de quitter Barfleur où elle était en danger : « Je resterai à mon poste. S'il faut mourir, eh bien ! je mourrai !... »

« *Spes et robur !* » Ces mots ne résument-ils pas aussi, Monseigneur, le programme de votre vie ? L'espérance, elle est légitime, elle s'impose lorsqu'on est placé sous l'égide de Marie, la douce et brillante étoile : « *Sub tuum, Maria, prœsidium !* » L'espérance, elle est légitime, elle s'impose lorsqu'on travaille à l'œuvre du Christ : « *Propter opus Christi !* », à l'œuvre de Celui qui a dit : « J'ai vaincu le monde ! »

Votre programme, vous nous l'avez défini au jour de votre intronisation : « Maintenir la foi, restaurer les mœurs, rendre « à Dieu sa place dans les âmes, dans les familles, dans notre « patrie ». Pour atteindre ce but, vous vous montrez plein de force et de fermeté : « *Spes et robur !* » « Dès qu'on s'en prend « à Dieu, disiez-vous encore le 20 janvier 1925, nous comptons « le reste pour rien, et nous parlons ; nous parlons, fallût-il y « mettre la tête ! » Et vous avez parlé !...

Tout récemment encore, vous adressant à l'immense armée de catholiques accourus à votre appel, sur vos lèvres revenait la triste énumération de nos multiples libertés méconnues, outragées par l'Etat laïque : « Que les catholiques s'organisent, disiez-vous, qu'ils sonnent à toutes les cloches de l'opinion, qu'ils frappent à toutes les portes, qu'ils réveillent tous ceux qui dorment du sommeil de l'indifférence et nous finirons bien par nous faire entendre ! »

Du haut du Ciel, la Sainte de Barfleur applaudit à votre action courageuse et à votre indéfectible confiance. Et nous, prêtres et fidèles, à vos nobles accents, nous devenons nous mêmes plus fermes dans nos espérances et plus forts dans la lutte, entraînés et soutenus par un Chef qui est bien de la lignée des Evêques de Coutances et Avranches, dont nous chantons, au jour de leur fête :

« *Certant impavidi*
« *Lupos repellere,*
« *Amore fervidi,*
« *Exoptant ponere*
« *Vitam in pretium!*

A vous donc, Monseigneur, avec notre profonde gratitude, l'hommage de notre respectueuse, filiale et complète obéissance !

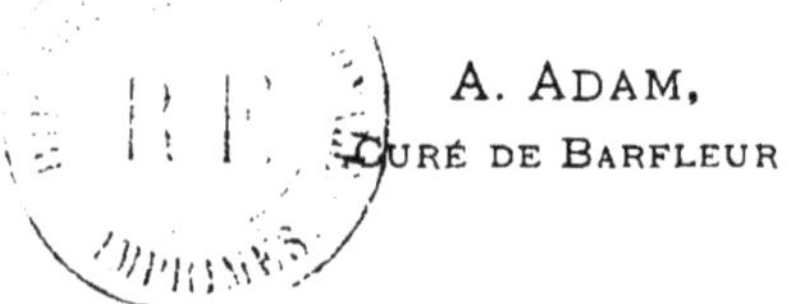

A. ADAM,
CURÉ DE BARFLEUR

Cherbourg. — Imprimerie de *La Dépêche*

www.ingramcontent.com/pod-product-compliance
Ingram Content Group UK Ltd.
Pitfield, Milton Keynes, MK11 3LW, UK
UKHW020445180726
13839UKWH00004B/1638